爱情只是入口，出口是更大的爱。

素黑

学会爱，超越爱

天津教育出版社
TIANJIN EDUCATION PRESS

目录

女人·问心

自序

男女终极爱：母性的慈悲

下辈子，你想做男人还是女人？

微博上收到最有意思的答案是这个：我想做猫，可以随时留下或走开。

不能潇洒自如，做男做女都不如做猫好。

问过不少男人，大多不想做女人。问为何，他们答，太麻烦了，顾虑多，不方便。做人那么麻烦干吗？也有男人想做女人，想体验生育。有的极爱孩子，有的重感情，想到能为所爱的人生孩子应该很感人。有的为追求极度体验，希望经历怀胎十月，视生育为修炼人生的挑战。这样想的男人，下辈子还是一个男人，只能当父亲。当然，这样也很好。

问女人，答案男女参半。女人想做男人容易理解，生理和心理都自由得多，少许多担忧。可撇开是为了如想被男人宠爱，或不想再情伤等幼稚理由，认真地选择下辈子再做女人，尤其是在非常明白女人必须经历各种限制、痛苦和感动的情况下，原因可超越个人层次。这个选择不只为自己，这是一个灵性的选择，一个步向和分享更大的爱的选择。

很多男人都不愿意经历女人所经历的，即使认为做女人好处多，压力不及男人，可以撒娇和依赖。但绝少有男人会告诉你，希望下辈子做女人，不只为体验奇妙的生育过程，而是希望完整地经历一次女性愿意全心全意为照顾孩子、爱人、家庭、长辈甚至社群而默默地付出、不求个人体验，忘掉她自己。到底女性是怀着怎样一份情操、感情和爱而活着？超越个人体验的爱到底是怎样的？如何可能？注意，这不是一天、一年的实验，而是一辈子，由生到死。

全心全意照顾别人意味着什么？那是从最卑微的生活作息开始，需要放下自己，怀着无限包容和耐性。男人关心的是“生命”大课题，不是“生活”小琐事。照顾一个家，为别人付出，完成他人的生命，这些典型的女性特质，男人望而生畏。畏者是畏惧，也是敬畏。前者是带着不屑，或害怕困身，后者是自愧做不到。

别误会，我不认为女人都希望、只想或有能力照顾别人，为人付出。事实上，很多女人连自己也照顾不来，也不想照顾谁，只想被照顾。我也不认为女人应该为照顾别人过一生，确实没必要。我这里指的“女性特质”，是一种深怀大爱的母性，孕育生命的强大能量，一种女人越见流失的能量。

014

天地有阴阳二气，阴阳到底怎样才能圆融？假如，男女走在一起，不过为爱的“感觉”服务，甚至变相剥削对方，服侍自己的情欲快感的话，那么男女的爱的确很肤浅，难怪很多人都爱得残缺和恐惧，贪恋占有，无法在爱中和谐共融，阴阳还没有真正结合。

有些男人以佛陀、耶稣、盖茨、首富、运动员、AV女优等为偶像，追求极度体验，开最快的车、攀最高的山、冲最高的浪、修最高的法、想成功，想成道，视男人为“人”，女人为“女人”。鲜有男人视母亲为偶像，视做一次女人为下世的成就，或寻道的最高体验。修佛的H告诉我，佛教里很多人尤其是男人渴求修炼能飞天遁地，无所不能的神通，可最高的神通其实不是什么绝技，而是一个经典故事的启示：断臂母亲看到婴儿被洪水冲走，无力挽救而放声痛哭的悲爱心，是悲壮的母爱力量，这才是修法的最高境界。要修炼“悲”爱心，须先“慈”爱众生，视众生为母亲，时刻怀着对母恩浩大的感恩之情。这，就是“慈悲”。

且放下深奥的佛理，回归母亲这一课题。不管男女，或多或少都对母亲怀着情意结：敬重、感恩、嫌弃、烦厌、内疚、怯惧、无奈、爱恨交煎。**人一生最放不下的人，大抵除了爱侣，便是母亲。**爱情和母亲情结的微妙关系也在此。男女的深层压抑离不开母亲，正因为男女的原点同出于母体，自细胞阶段已受母体的孕育，曾经同体经历血脉相连的亲密，这种特殊亲密，父亲无法相比。男人渴求走进阴道，追求修行等极度体验，暴露了依恋母体，欲返回子宫，寻找生命根源能量的潜意识。女人想挣脱母亲的影子，最终也多逃不了越活越像她母亲的镜子命运。心智不够稳扎和成熟的男女，都设法逃避母亲的影子，不正是逃避他自己？**对母亲的情结，正是对自己、对生命的情结。**

你若愿意下辈子做女人，被女性激素洗礼，以女性的情感和肉身去爱恨、悲喜、付出和忧伤，这种修行，很勇敢。但修行其实可以更当下。阴柔的M告诉我，他有幸活到今天很感恩，只想把剩下的生命奉献给小孩和大地，和别人分享自己的幸福。假如牺牲自己能拯救一片青草地，他很愿意。这个男人很美丽。男人一旦愿意放下自己，开发爱，便可以转化能量，胸怀孕育孩子和大地的母性慈爱。女人也一样。男女未能修成母性悲爱心，也可先修慈爱心，就在这辈子，无须等来生。

说男人要学会爱，不是说男人没有爱，有也不及女人。说女人要超越爱，也不是说女人的爱已很圆满，应走向比爱更高的境界。男人要学会的爱，和女人要超越的爱，层次不一样。男人要学会的爱，是要开发深度的情感，放下纯粹追求个人体验，和他人共融生命，体验母性的无私；女人要超越的爱，是学习放下盲目承担别人的病态，平衡过剩和混乱的情感，回归阴柔，开发潜藏的母性力量，转化成宇宙大爱。**男女在爱中的终极依归，原是母性的慈悲。**

让两性的生命能量回归母性的慈悲，到底有何意义？它的意义，假如有需要的话，我想是为“生命为何”这千古难解的人生问题提出更有意思的反思基点——回归生命的“具体”本源，从“母亲”开始，反思母亲作为孕育及照顾生命的意义，作为大地之母的意义，感受怀着慈悲心爱人爱世界的无我情操，体会这阴性情操背后是如何承担着万物的无极力量。从这生命原点出发，所谓哲学，所谓灵性，所谓修行，甚至所谓爱，才更合乎人道、味道和温度。然后，男人学习母亲的爱，女人回归母亲的能量，阴阳才真正圆融，天地人始归一。

我没有写爱情，我只是和你分享如何活好你的性别，做好一个人。爱情只是入口，出口是更大的爱。

素黑

2010年11月于香港

男女·关系

男女爱进化论

在爱这一课题上，两性的落脚点并不一样：男人要学会爱，女人要超越爱。

说男人要学会爱，不是说男人没有爱。说女人要超越爱，也不是说女人已有爱。男人要学会的爱，和女人要超越的爱，层次不一样。男人要学会的爱，是学习放下自己，和别人共融；女人要超越的爱，是学习放下别人，回归自己。

对男人而言，爱是需要学习和培育的能量。男人的生命基础是自我存活和发展生产，不需要用爱来孕育生命，所以**男人的心轮在先天条件下并未启动**，因为他们没有操作爱的天性需要。

对女人而言，则时刻需要感受爱，因为女人处理情感的脑结构远比男人发达和进化。女人做很多事情，动机都是因为需要爱，需要分享爱，因为**女人的心轮是打开的**，而心轮是掌管爱和分享的能量库。爱是女人在生理上早已开发的能量场所。没有爱，女人不可能接受外来的精子，不可能生育，她们需要爱的基础准备身体，孕育生命。当然，这并不是说，只有很爱孩子的女人才能生育，因为这个爱不在意识里，女人不一定很爱孩子才怀孕或生育。女人有爱的先天条件，但并不一定晓得适当地表达和践行爱。

女人的爱需要跟别人互动和共振，因为女人的关系和情感网络是向外的，有对象的，以此平衡她们孕育生命的身心面向。这是女人与其他生命共容的美丽特性。女人在进化上需要男人阳性的力量，与她的阴性能量共融，达到能量圆满的境界，体现优化孕育生命的本性。

男人可以进一步超越自己，选择开发爱、感受爱，通过学习爱，放下活着只为自己的自我中心，锻炼成熟心智，打开柔软的心，转化粗疏的能量为阴柔的力量，从靠近甚至修炼阴性的力量开始，与女人共同孕育生命，延续大爱。

但要达到男女阴阳相配，水乳交融的境界，还有漫长的心灵进化路要走。要达到这点，男人须调校和管理生活上和心灵上的粗疏，洞悉自己的生命角色，诚心愿意成长，走出只懂领受、躲懒、贪玩、依赖、逞强或软弱的孩童心态，学习付出和关爱，分享单纯的阳性生命力，准备好自己跟阴性的力量交融。简单而言，就是鼓起勇气承担自己的长大。

女人则需要更好地平衡感性和理性的冲突，走出倾向感情用事的处事惯性，平衡情感和理智的生理运作，回收向外流失的能量，多爱自己，保护和强壮阴性的能量，别为侍奉他人虚耗能量，当心把自己变成男人，或迁就男权社会，失去女人最宝贵的阴性力量。女人还需要面对和管理好自己的痛。女人的生命离不开痛的经验，生理上的按月疼痛，还有进化和心理上为承担别人，孕育生命，释放爱的过程中难以避免受到的身心灵伤痛。痛容易让女人沉溺，消磨能量，思绪复杂。女人需要学习从痛中疗愈自己，超越生理和心理的限制，解放自己，变得纯粹简单，爱得更自如，强壮阴性的力量。

没进化的男人不想长大，懒惰和舒服是他们活着的真理，舍不得放弃粗枝大叶带来的方便，拒绝为变得细心而费神。男人是左脑主导一切，即凡事以理性、事实、道理为依归，懒理情感沟通，说明原则和事实便是对自己和别人最大的交代，鲜用右脑和情感脑，即没有开发表达情感、发展爱的潜能。所以男人最大的感觉还停留在肉体，流了汗，爽了身体便感到很满足，女人最大的感觉在心，需要得到爱才感到满足。

男人要进化，超越其限制，走出动物性的欲求时，人生才第一次感受到深深的爱和伤痛，可遗憾的是很多男人通常是因为亲人死了，妻儿离开了，爱人不在了，才第一次顿悟和成长。崇拜格斗的男人，儿时目睹小动物死亡的伤心让他们知生死，长大后经历至亲的生死离别让他们知道爱，开始明白真正的痛是什么，知道责任和付出。爱，才第一次在男人的心中萌芽和生根。

女人需要照顾和爱护男人、家庭、下一代，来平衡感情需要。但这也形成女人的困局：容易过度付出，投放能量，劳累自己。女人的生命早已步过了为别人奉献一切的时代，可以走上更进化的道路，为自己的灵性发育多走几步，给自己多找机会，体验不一样的生命可能性。寻找和自己有心灵感应，让自己舒服自在的地方，靠近跟自己内在能量共振，身心灵有共鸣的人，亲爱他，亲爱自己。在生命里不同的阶段，随时准备好打开自己，欢迎不同的体验，独立地、享受地生活，同时不忘亲近别人，寻找爱，付出爱。这样的女人，很圆满。

女人拥有爱的条件，若不懂得平衡，便会盲目地埋首其中，在爱的混乱中耗损能量。所以，女人需要在爱的修炼中稳定爱的能量，求定，求静，超越执著和爱的欲望，使爱演变成慈悲，甚或变成无限的大爱。**女人有慈悲的条件，但前提是需要先定心。**

可是，大部分女人只是拥有过剩的爱的能量，却并不真正懂得爱。她们不过是寻找某个对象来投射自己的能量，却错把这个投射的过程当成是爱。在这个意义下，女人的爱和男人的精液是差不多的。

男人和女人都要进化，提升自己，跳出各自的性别限制。其中最好的学习入口，是通过爱情的磨炼，这也是爱情的奥妙意义。爱情让男女在两性差异的冲突中，看穿自己潜藏的性格阴暗面，激活自我改善的动力，并在两性圆融的亲密中，发现自己美好的、闪亮的潜能，自我肯定，更爱生命。**爱情让男女有机会正视和接受自己的正负面，寻找改善，体验进化，在这个意义下，爱情发挥了非常圆满的人生修养功能。**

在修行中，爱占据着很重要的位置，它是一种阴阳互动的力量。爱从心轮出发，心轮的能量是阴性的，所以爱的基础是阴柔的母性力量，那里有孕育生命的力量源泉。那是一种需要爱，需要滋润的欲求，本身也是阴性的力量，母性的力量。而那些希望靠近爱、学习爱、融入爱的男人，本身已朝向阴性的修行路迈进了。

要修行爱，女人需要超越凌乱的爱的能量，男人则要通过寻求阴性的体验，如学习去爱、放下自己、滋润生命。

阴阳能量圆融的目的，超越性别，是为孕育生命中更大的爱。男人可以通过寻求母性的力量，平衡欲望，进化成长，回归到没有差异的宇宙大爱上；女人可以超越自己本有的阴性力量，结合爱与修行，以期达到没有差别的爱。

可以这样说，在爱的修行历程里，**男人的存在意义，是向阴性的纤柔学习爱；女人的存在意义，是平衡阳性的力量超越爱，把阴柔的母性本质提升至更大的无我、博爱和慈悲，孕育宇宙一体的生命。**

平衡爱和生活

女人的情绪问题，大部分是来自感情上的失调症。

女人对感情所投入的精力比男人多很多倍，这是因为她们处理感情的脑部体积比男人的起码大一倍。所以，女人对有关感情的一切都分外敏感、关注、重视，要求也相应要高，她们为感情付出的、投入的精力和感觉都很强烈。所以说女人的一生是为感情而活，也并不夸张。

女人对爱和被爱的需求很大，这直接影响她们在情绪上的平衡。女人对爱容易敏感多疑，因为她们需要通过语言和行动证实爱的存在，必须经常看到、听到关于爱的内容，才确定自己活在爱之中。

偏偏，男人不善于语言和行动，男人甚至活在语言和行动断裂的世界里，很多时候，他们以为说过了便足够，甚至以为说过了便已经做完了，也有时因为错记而以为自己真的做过

了，以致言行不一，无法兑现说过的话，哪怕不过是很小的事情，也总是无法兑现，这让女人更怀疑男人对她们的真心和重视。

男人在思想上想过关心女人，便以为已关心了，所以并没有在行动上实现它，尤其是表达感情和爱方面，男人显得粗心和无能，不够细腻，管理不好自己的情感。也因为这样，他们看来都不太负责任，不上心，不够热情。这使得女人对男人的爱无法安心信任。

两个不同的脑袋在两岸观看，中间永远相隔着一条鸿沟，难以融合。女人因此而过分阅读男人的表现，在爱与不爱自己上造文章，下判断，结果伤害的不过是自己的情绪，严重影响日常生活，包括工作、学业和家庭关系。

不管谁是谁非，谁应更关心谁、适应谁，要男人适应女人对爱的要求似乎太难，不如自己进一步，提升感情智商。女人在感情上，希望能平衡自己，不再被过分干扰影响其他表现的话，应学习抽离一点，不依赖文字、说话去判断自己是否在爱中，是否被爱着。女人应转移能量，活在当下，做实实在在的事，比花精力在感情对错上更现实。

男人要学习的是如何爱，女人要学习的是超越爱。这样，两性相处便可望融洽和平衡一点。

若女人能更集中能量放在处理别的事情上，她们会渐渐发现，爱和生活是可以更加平衡的，身心也会畅顺得多，这也是自我管理的必修课，让自己活得更快乐、独立和从容，不用再被感情牵着一辈子走，失去自己。

女人爱到不肯放手的真相

为什么女人大都难逃爱情，死执放不下？

这是有科学根据的。

女人有感情丰富的先天生理结构：主管情感活动和反应的脑部，发展得较男人成熟和发达，能承担跟孕育和抚育生命有关的诸多压力和责任。孕育生命需要很强的感情基础，所以女人天生需要爱、表达爱、付出爱，同时需要很强的忍耐意志，以承担几十年中各种与孕育攸关的等待和痛楚，如经痛、阵痛、哺乳等，难怪女人特别需要被爱和安全感，只有这些才能让她们坚持下去，为生命打气。

相反，男人在情感活动和反应方面的发展便较为次要，无须亦不善于表达情感。他们会用主管理性的脑结构同时处理思想、感觉和感情关系。于是，女人在情感的表达和需求上比男人复杂得多，容易爱情澎湃，感情用事；男人则流于感觉迟钝或理性化感情。

所以，女人容易倾向过分重视爱，忽略了由需要演变成惯性渴求的心理依赖。当爱的能量不够时，女人顿失安全感，渴求从外力补充更多爱的养分，渐渐变成依赖爱，又将依赖变成要求，希望改变别人，让别人成全自己，给自己更多爱，甚至将要求变成强求，制造强迫性。于是，女人会不自觉对爱人下判断，强迫对方，也自制痛苦。由最初对爱的需要，演变成对爱人的判断，否定爱人，否定自己，甚至否定了爱。**这就是爱情最典型不过的定律：由爱的需求变成判断爱，最终只剩下经营关系的权宜。**

爱，却讽刺地从没真正进化过，只有倒退。当爱情不再，女人却不忍看到尽头，死执不放手，因为她们怕孤独。可被爱的需要还没得到解决和填补，却已混战了一辈子，浪费青春，到最后，谁会甘心放手离场？

这就是女人爱到或恨到不肯放手的真相。

恋爱过的人都知道，情还在时，他的好就是爱他的理由，情变了，以往的好变成现在的丑。情绪正面时看到什么都正面，其相反也一样。当情绪和欲望失控时，你便成为情感的动物，美其名曰“多情”或“善感”，其实也是懦弱和贪心，甚至是心智大乱。

当你企图为自己的情欲失控自辩，觉得自己是受害者，并合理化自己的负面情绪和感觉如痛苦、委屈时，你又变身为胡思乱想的奴隶，怨天尤人，抱憾自己沦为受害者，暗里诅咒曾经所谓爱过的恋人，转过头却又觉得还是深爱他。

你的情感改变整场爱，你的想法决定整场爱，是喜是悲，一念之间。

说到底，谁才是受害者？谁才是加害者？

你是情感的主人，别再做爱的乞丐或奴隶了。

不忠为何那么讨厌

到底女人为何那么讨厌不忠的男人？

男人不满女人未能接受他们越轨，因为女人占有欲太强，希望独占一个男人，或者执著过期的承诺。

女人不满，是因为男人欲望太强，不肯承担，只想享齐人之福。更不能容忍的，是两人之间的忠诚被毁了。

守诺是可贵的美德，但在感情关系上，更可贵的道德，是当某方无法守诺时，应交代一声，以示尊重。

没有人能做到百分百的完美情人，但可以做到良性沟通，做个有承担、负责任和互相尊重的君子。

越轨的原因可能是因为负面的纵欲，也可能是因了解而成长的结果，没有绝对的道德对错。但我们有责任不要让对方还对自己抱存合理的信任，还继续为自己独家付出，应让对方及早重估这段关系的可持续性，是不是应分开一下，是不是可放个感情的假？能大方一点处理不忠的问题，别剥削对方吗？

忠与诚，分不开。

男人或许会把问题推到女人身上，说因为明知女人不接受，告诉她只会惹麻烦，觉得女人都是感情用事的动物，不会明白男人真正的需要和难处。

这可能是事实，但并不是隐瞒的借口。这是男人没有能力管理感情关系的结果。所以他选择隐瞒，选择欺骗，但为什么也选择不让她离开自己，只怨为何不能同时拥有两个女人？

隐瞒是破坏爱情诚信的背叛，它比不忠本身更难让人接受。女人执著完美的爱，受不了男人还像孩童一样贪玩兼说谎。**男人最惹女人讨厌的不是花心，而是花心却没种承认，还要合理化自己的欲望，病态化女人的失望。**

将心比心，既然想花心，就得承担花心的后果。人总不能永远做一箭双雕的赢家。男人不敢面对惹怒女人的结果不是体贴，而是怕承担，想依赖，想装好男人。原来男人比女人更难放弃伴侣，惯性享受女性的照顾和呵护，不敢轻易放走一个女人，或者说一块肉体，一点温存。

女人喜欢数男人的弱点，其实我真正想告诉你的是：女人跟男人一样贪恋、不忠且多欲望。**情欲面前，两性是没有分别的。**你怎样怨过男人，你也扪心自问自己是否真的不会犯同样的错，你的情操和人格是否真的比男人优越和高尚，抑或是“女人心，海底针”，更贪恋的是你而不是他？

面对伴侣的不忠，假如对方肯放下面子承认所为，不妨大方一点接受，或爽净一点拒绝，选择离场，没人有权用道德判断你的决定。**选择怨恨，死执不放，才是男女关系最大的孽障。**

男人女人一样花心

女人常常抱怨男人花心不重感情，男人常常抱怨女人太黏人，太管束。对，但他们都只说对了事实的一半。

女人过于感情用事，占有欲强，想抓紧的其实不是男人，而是安全感。男人不善于付出，自控能力薄弱，容易放纵，逃避长大，需要母亲无条件的付出和纵容，女人情感和肉欲上的无限供应与支持。

男人在感情上其实是还没进化的原始生物，生理上需要母性的孕育，性欲上需要经常换伴，广散精子建立地位。相反，再强的女人，也有保护和照顾别人的天性，要不就生个孩子满足母性，要不就令自己变成男友的母亲，又要管又要照顾。

男人要成皇，女人要为母，这是两种不同的霸气，但条件基础却大相径庭：男人只进化生物性本能，虽然现代人性交不再只为繁殖下一代，可本能还是需要扩散精子，所以很难协调文明和法律。而女人不断进化的却是情感，令她既能母仪天下，又害怕失去。

事实的另一半已经很清楚：女人想从男人身上得到爱，男人想在女人身上得到性。这就是一般男女关系的游戏规则。男人不容易给予爱，他们在灵性上还未进化，身心发展还只停留在爬虫类动物的原始生理机能上。借助能给女人爱的假象得到性，是男人跟女人沟通的潜藏手法和目的。满足了性后，男人又需要花心。

不过女人一样贪。

男人贪性，女人贪情。女人想得到很多爱，当面前有很多选择时，女人跟男人一样花心，一样无法忠于一个男人、一个身体。不相信、不同意此道的女人，只是因为她们身边还没有令她满意的爱情选择而已，或者誓要得到得不到的男人才甘心，变相以为自己很专情，其实是过分执著。女人一样有好胜的基因，只要以为她特选的对象能给她需要的爱的全部时，她便会死守一个男人。注意，这是死守，不是爱。

男女关系中，性比爱更容易获得。爱是很高的质素，是情感进化的心灵状态，得来不易，可性是最原始的生理状态，太初已经存在，其生物性功能也很明确，所以不容置疑，也难于否定和再发展。

男女都容易付出性，但谈到爱，大家都在学习中。难怪女人在求爱上比男人求性理亏得多，所以男人看上去比女人花心。男人容易得到性，却难遇上灵性动力修行自己，进化、修养、追求爱，孕育爱的力量。偏偏女人有等候的耐性，以为等待就是付出，结果却爱得很痛苦。

现实可能是，**男人老了还是想逃避，女人再老还愿意等待。**

男女关系要修到爱的层次，路还很漫长。

嫉妒，是因为虚弱

听过一个男朋友说，他从不吃醋，会大大方方让女朋友和其他男人交往，因为这是关系的原本面貌。当他的女友交上男性朋友后，她都会介绍给他。他对他们很友善，甚至对比他优越的男人都能大方地招呼，显示自己的胸襟和自信，热诚地请客，带回家聊天。他告诉我："女友交上优越的朋友是我的荣幸，证明她有品味，我有眼光。"

然后有一天，女友向他介绍了一个比他低调，外表平凡但眼睛深邃的男生，女友对他特别好，因为觉得他内里拥有一股非凡的气质，她喜欢看他的眼睛。男友开始关心起来，对这个男生分外谨慎。一次，这位男生在他们家教他女友静坐冥想时，微黄灯光下，看着自己的女人和眼里有爱意的深度男人心灵靠得那么近，他第一次心里不舒服起来，一个声音告诉他：你将失去这个女人。

软弱的人才会嫉妒或自卑，但人都是软弱的。

吃醋没问题，这是人之常情，不用介怀。甚至反映出你有多爱对方，爱到承认自己的虚弱。

本来，某种程度上，爱情关系就是因为自爱不足才成立的，因此，男女才有走在一起的需要。

米兰·昆德拉在《生命中不能承受之轻》中有这样的结局：不羁的托马斯甘愿为女友杜莉萨放弃一切，她终于令他放弃一切。他平静地在旅馆酒吧看着她和小伙子狂欢共舞，活着是轻是重，关系是轻是重，他们深知人的力量渺小，无法承受，但还是宁愿选择走在一起，接受快乐，但悲凉、脆弱可以自我解放的爱情。而在电影版《布拉格之恋》中，最后却加插了这样一幕：杜莉萨舞后回来，托马斯心里发酸。杜莉萨一眼看穿，笑他正在妒忌了，牵着他的手笑着对他说："你在妒忌，你在妒忌……"他连忙否认，说他从来不会妒忌她的。但他心里其实真的嫉妒了，看着心爱的女人可以被其他男人逗得高兴，自然地产生了自卑和危机感。

因为爱，也因为脆弱。

没有一个人有能力给爱人或自己百分百的激情和能量。其实有时让其他人向你爱的人传送爱的温度也不坏，假如你真正深爱她（他）的话。真的不能只要对方快乐便满足吗？真的不能吗？

你会问，那对方满足，但自己却心酸受伤，这样不是爱得很不舒服吗？爱必须自私一点，这种说法是不是也很合理呢？

要自私还是大方，是一种选择，也别无选择，这是爱的自由和限制。

我们的爱，真的很虚弱。不用怪责自己，这里没有道德。肯接受已经是勇敢。

坦白与隐瞒

男朋友T跟我讨论一个爱侣间经常发生的矛盾，当然，这矛盾正发生在他身上。

女朋友和前任恋人还是工作伙伴，但她不想多解释，怕惹来误会或麻烦，于是没有坦白告诉他，隐瞒了旧关系。结果他知道了，感到自己受骗和没有被尊重。女朋友可能并不是刻意想隐瞒，只是没有主动报告情况罢了，但无论怎样解释，不知情的他还是百般滋味在心头，这无可避免地影响了二人的感情关系。

坦诚是爱恋关系中最关键的正能量，它能维系最重要的信任。

不是说每个人都需要毫无保留，把一切向另一半说出来。每个人都有权保留某些隐私，但在敏感的事情上，譬如涉及双方的前任关系时，都应主动地向另一半坦诚，别等对方问才响应，这关乎你到底有多尊重对方的感受。照顾自己的权益和对方的感受，在恋爱关系中不分高低，同样值得被重视。

别理所当然地以概念化的恋爱理论要求恋人明白你、信任你，不用多说什么都能包容你，这是在替你的粗心、懦弱或暧昧欲望找借口。

没有人喜欢爱人在前任男友身边，自己却一无所知，像个傻瓜。类似的个案难定谁对谁错，因为当事人不一定是刻意隐瞒和前恋人的关系，可能只是不懂得表达，怕会伤害现任才不好直说，也不算是欺骗。不过，最理想的关系，还是坦诚相对，照顾对方的感受，为免日后让对方知道了，出现不必要的尴尬和难受，令对方胡思乱想，伤害感情。

细致爱的其中一个条件，是懂得照顾对方的感受，不止是起居生活。

由不刻意的隐瞒，引伸至爱侣间很多不必要的隐瞒，问题便更复杂了。

隐瞒，或者不想坦白的目的到底是什么？主要不是害怕面对爱侣的质疑和失望，更多可能是掩饰自己，害怕面对自己需要隐瞒的懦弱和辜负了爱侣对自己的信任而产生的内疚。不幸的是，有些人在无法坦诚对待爱侣时，为顾全面子，或不想承认自己的软弱，会突然改变态度，摆出“每个人都有私隐的权利”、“这事没什么大不了，你无须那么惊讶”的自卫姿势，把责任推向对方，漠视对方的感受。这，就是无赖。

不管你是隐瞒还是欺骗，你最大的损失是失去了自由，无法自由说真话，让自己透明。

两个人在一起，最重要的是感觉舒服，不用费劲隐藏什么，迁就谁。大家抱着良好意愿达成相处时的感觉共识，这才是爱的坦白约定。

不论是工作、爱情、友谊抑或是亲人间的约定或意向，都是神圣和带责任的。希望一起合作、相爱、出游，什么协议或默契也好，只要是两人一起达成的，都是共同的事情，别单方面暗作改变。事情发展到后期，若某方觉得无法实现，不论原因为何，也有责任向另一方交代清楚，别让对方怀着合理的期望无辜等候。

世事常变，人的心和力量也会有迁移变化。无法做到当初一起想做的事，是可以理解的事情。不过交代是重要的，这可以表示你在认真对待某事，也表示你真心尊重对方。

成熟的恋人，会对自己向伴侣种下的合理期望负责任，即使无法实现，也应交代，照顾对方的感受，避免伤害对方。

启齿非易事，假如你选择暗地不了了之，选择逃避，羞愧于辜负恋人的期望的话，你无法面对的，原是你自己，原来自己是个言而无信、没种承担、无用的人，这会让你对自己感到失望。

脆弱的人会逃跑，坚强的人会选择面对自己和别人，承认和坦白，不做逃避的懦夫。这才是带着尊重、承担和坚强的爱。

温柔地坦白

读者G告诉我，很难做到我所说的，要成长和成熟才能爱。她不明白，到底男生怎样才算爱自己的另一半？她问：“为何我偏偏觉得他爱我的方法是不对的呢？我常感觉其实他并不爱我。我知道其实我不应该以自己的角度判断他是否爱我，但有时当他作了一些决定，并未能符合我的期望时，我便觉得他不爱我、不紧张我。我好希望改变自己的看法，也好希望能维系这段关系，不希望因为自己虚幻的期望而判断他，那是不对的。”

女人不明白男人表达爱的方式，正如男人不明白女人感觉爱的程度一样。

每个男人对爱的看法和表达方式都不同，你若觉得他的表达方式不对劲，应该先问怎样才算是对，是真的不对，抑或不过是未能符合你的要求而已。在你判断他不对前，你可否先反问自己：我了解他吗？他懂得表达爱吗？

关于表达爱，这是关键问题。

男人大多不善于表达情感，尤其是通过说话表达。女人却善于用说话表达感情，但不应要求男人以你擅长和惯性的方式表达对你的爱，因为他不懂，没能力，不是他不爱你。

女人若希望接收男人向自己表达的爱，可以先坦白告诉他你希望他如何跟你沟通，示爱，你若不告诉他，他是无法知道的，他也没有必要猜度你其实需要什么，反正一定猜错，到时只会被你埋怨他不了解你，不爱你之类。问自己，你到底需要他做什么才能满足你？更重要的是，也反过来想想，你的要求合理吗？你对他的示爱方式也符合他的需要吗？还是他没有像你一样执著示爱，因为他比你更包容？甚至更爱你，或是他可以超越语言地示爱？

更重要的是，你是否清楚知道到底你想要什么？

要改善自己，最好是先放下猜忌，建立坦白沟通的语言技巧，带着良性的意愿和他建立感情关系，不要执著他应说什么、承诺什么、做什么讨你欢心。要从更深入的爱出发，为更深入的爱打好基础。你最好能先关心他的需要；他的内心世界；什么最能满足他；什么最让他感到被爱。问他每次你表示不满他的表达方式时，他的真正感受是什么？是不是被你冤枉一样的很难受？

善意和温柔地坦白很重要，不要以质问、审判、迫供一样的方式迫使对方表态。**沟通是需要耐性和体谅的，要有好心情、好脾气、好意愿，才能结好果实。**

爱是自由还是拥有

E跟我说，她当了第三者，对方有家室，但她不想放弃，想争取，可是，对方坚决表明不能放弃对家庭的责任，但也不想放弃她，说白一点，就是想让她永远做他的地下情人。他会买房子给她，会给她家用。她说她不想要钱，她只想拥有百分百的他。

三个人的情感关系太拥挤。她说她的坚持是因为爱，可其实更多的是她希望争。女人最常抱住的两个字，大概就是“争”和“怨”。

关系可以争夺，可以战争，可以有输赢，爱却不是这样的。

他希望三个人，你希望两个人，他要安置两个女人，你要赶走一个女人。这是感情市场争夺战，到底爱被丢到哪儿去了？如果有真爱的话，无须争夺，能在一起是缘分，不能在一起也是缘。

别自欺欺人了。第三者的挣扎，多少是因为不甘心，不甘心放弃也算是爱吗？

我们盲目恋爱，盲目认定对方就是自己最需要的对象，偏偏我们忽略了重要的一点：可以爱，很想爱，不等于有能力爱，有能力付出，能天时地利人和地享受爱，或者，所付出的正是对方真正的愿望和需要。

爱，最终还是资源、能量分配和缘分的问题。

一个人要适应自己已很难，两个人互相适应更加难，三个人无法平衡共处，是比正常更正常的现实。一开始介入三个人的关系中，早应有心理准备，所谓幸福，不可能是百分百。这是游戏规则，将爱变成战争，必有死伤，这却不是你期望的幸福。

人到底为什么要恋爱？因为我们感到生命还差一点点才完美，不够从容，希望更好地释放自己，得到心理上最大的满足和灵性上最大的提升。可是，一旦恋爱了，便堕入执著和放不下的死局中；互相捆缚，将爱杀死。

每段感情关系都不会完美，总有缺陷，这正是爱情的意义：在修补缺陷的过程中修行自己，了解自己，学习和别人相处，为别人付出，同时保持自爱。这样的爱，可以步向自由。

可是，**大部分的所谓爱，只是执著男女关系的权力争夺游戏，因为得不到，所以永远比已拥有的好，助长欲望的膨胀，自制凄美的苦恋。**

你没有想过爱应该是自由的吗？对，大部分人都只想到拥有，想到占有，想到抓紧关系，怕稍不留神就失去，然后，把大量能量集中在守住不要失去的困局中，令双方窒息，爱便失去最高的价值：自由。

爱，只有唯一一种选择，就是自爱。这是一切爱情可能性的正面能源。爱的终点，就是自由。

了解你的男人

男人就是男人。

正如女人就是女人一样。

别小看这两句话，它可以拯救女人对两性关系的执著。也别把它误读成分化两性的廉价口号，它们是要提醒你：你要肯定他是男人，你是女人，你们是两个性别两个人。

女读者H告诉我，她不能理解为何身边的男人老是不听她，什么都不在意、不上心，让她感觉不到他的心、他的爱，很想把他拆开，重组一次。

这话让人听得有点心寒。

这是女人的盲点：觉得男人会因为爱她而认同她，听从她，迁就她，不会向她说不，再累也不会关掉耳朵，假如他真的爱她的话。

最后这句“假如他真的爱她的话”才最恐怖。

女人搞错了，误把爱等同于对你的认同，穷一生精力希望改造一个男人，令他变成自己想要的人。整个过程，被一相情愿误信为爱情。

是不是太自我中心了？只想他配合你的意愿，成全你的欲望，才算是爱你的表现，你真是被自己的迷信宠坏了。事实上，你忘记了对方是另一个人，他是他，你是你。你要求男人为你改变，满足你对浪漫、婚姻和幸福的憧憬，可你的憧憬不一定跟他的一致。两个人两个世界，你觉得合情的不一定合理，你觉得合理的又不一定合情。

你曾为要求他做到什么而定一个限期，列一堆条件吗？比方他一个月内不戒烟你就和他分手，他敢换工作你就和他离婚，他再玩游戏到深宵你就威胁不供房子，他再跟你看着不顺眼的朋友打牌、唱K，你就带孩子返娘家，等等。

你有你的理由，但更重要的是，他也有他的理由和需要。两个人相处，不是任何事自己都能做主的。

女人容易在得不到男人的认同和迁就时，第一个念头就想到感情，不理客观情况地埋怨：他不爱我了，他以前不是这样的，他准是有了新恋人，他不再重视我了……所想的都以“我”为中心，却不想想，还有一个“他”。感情用事很累事。不是所有问题都只反映男人对你的感情，**他不听你，不等同他不重视你，不再爱你。你能客观一点放下自我，先关心对方的想法和感受，了解他的立场和意愿吗？**

其实，你了解你的男人吗？

男人和女人对亲密爱的需求各有时差。对年轻的男人来说，玩比爱更有吸引力。譬如，不少四十岁前的男人，根本不知自己正在做什么，胡乱地生活，胡乱闯世界，爱过一些人，伤害过更多人，让很多爱自己的女人辛苦难受，但却不明所以，懒于善后，因为玩比一切更重要。但他们并不像女人所想的那样不重视她们。四十岁后，人忽然觉得需要定下来时，才发现眼里的、脑里的世界起了微妙的变化，才开始觉得应认真一点做好一件事，爱好一个人，不想再胡混多情。玩已玩过了，错也错过了，过瘾也过瘾了，走到人生某个阶段，突然脑袋开了窍，忽然渴望回家能看到亲爱的人欢迎自己的微笑，拥抱浪子归。有个男人告诉我：“现在才真正明白家人才是人生最重要的追求，照顾好一个自己爱、爱自己的女人，原来是很享受很幸福的。”明白一直守候着自己的女人原来不是愚昧，而是抱着偌大的爱等待自己长大。只是可惜转眼已数十寒暑。母性，原来这么慈悲。

超龄男孩开始变大人，才懂得感谢对自己不离不弃的女人。

这是很多男人的蜕变过程。当然也有例外。

用心了解另一个性别的爱情成长期，才有条件跟异性相爱和相处。男人不是你改造的模型，他有他独特的生理、心理、世俗和性别认同的需要。改造他与迫他变性没分别。你的想法和要求，并非养活感情关系的食粮。要学习放下自己的傲气，**你并不如你想象中那样合情合理。**

你以为已经说得很清楚

那天我指示朋友到某处，费了半天，尽量把她有可能找错的路都告诉她，满以为自己很细心，可是好心做坏事，她却没好气地中断了我说："其实你告诉我街名就行了，别忘了我当过私家侦探，找路是我的强项啊。"

呵，原来是我一相情愿，以为自己已经说得很清楚，对方听到的却是乱七八糟的鬼话。不禁笑了。

想到一位客人的怨言："我老公老是怪我不明白他最简单的话，老是反问他，对我一点耐性也没有。"她其实听不懂老公说得过分精练、隐藏太多预设和理论的话。可是老公太自大，不相信她真的不理解，怪她在执著字眼找麻烦。

这是很多男人在沟通上犯的毛病：用语概念化、理论化，太快立论，想尽快离开对话，无视对方的理解能力、反应和感受，却不知理论对很多女人而言，只是没进化的原始语言。女人其实也一样，说话带有很多复杂的情感修辞，完全超乎男人贫乏的情感理解力，像梦话一样含糊。女人却埋怨男人不重视跟她的交流，拒绝沟通。

沟通失败，结果造成夫妻爱侣甚至亲子关系间偌大的摩擦。

其实每个人都惯性地以自己独有的思路和观感说话，你当然很理解自己所想所说，觉得不可能不清楚，可是当对方听不懂时，你第一个反应却是责怪对方，不是嫌对方愚蠢，理解能力差，便是觉得对方在闹事，故意刁难找麻烦。当对方多问几句，甚至说不明白时，你便认为他不合作，不想依从你，甚至无限上纲，认为他不认同你，正在挑战你……

男女间的沟通没有所谓“说得很清楚”的真理，因为双方对语言的掌握和表达技巧存在很多分歧，所以关键不在你说过什么，或者觉得是否已表达得很清楚。

所谓清楚是相对的，说者跟听者可以对清楚有不同层次的认同和要求。

沟通不能自我中心，应重视对方的反应，不能自以为是。不幸的是，我们根本不在乎对方是否听得懂，重点是我表达了，你就应该明白我。这是霸气，不是沟通。

良性的沟通，应该是先看对方的反应，再调校自己的语法和语气，别只为自我表现，享受私密的快感。也留意自己是否病态地希望别人听不懂自己，印证自己很孤独，不为人明白。同样，当心别做超级自大狂，借人家听不懂自己而沾沾自喜，印证自己比别人优越，拥有平凡人无法理解的天才脑袋。

请问清楚自己到底是否真的想沟通，是否愿意付出耐性和爱心。不然，还是收口别惹人讨厌好了。

相爱但不能沟通

女朋友T说，她和男朋友相处了七年，都不知道他原来喜欢驾车兜风。她之前还向我埋怨过，嫌男朋友太沉默被动，像个退化的老头，不懂浪漫，对他开始有微言。

在她和男朋友的感情出现状况后，两人在危机中才有更多坦白的内心交流，他提醒她曾多次叫她一起去兜风，她却没反应的往事。她这才猛然注意到，自己对男友的评价原来并不很准确，因为忽略了很多细节。

可是，她对现在暗恋着的另一个男人却很敏感，那人驾车请她去兜风，她觉得很投契，觉得这个男人才有风情，和她性格相投。现在知道了男友原来也有同样的喜好，她感到迷惑了。为什么男友的喜好没有被她关注到，而另一个男人的喜好便能轻易进入她的心呢？

这是表达和如何被接受的差异问题。

很多人也有过类似的经验吧。和一个人在一起，总是觉得格格不入，自己的感受无法表达，对方的心意无从了解。有话未能说，即使说了彼此也接收不到。双方渐渐感到无法沟通，引起很多误解，最后甚至埋怨和批评。一段关系就此枯萎。

相爱但不能沟通，有时真的很难勉强，我们要注意一个重点：必须关注双方的能量流动状态。就是说，你可能在情感表达方面是个外向型人，对方可能是内敛型；你的能量向外流动，对方的是向内凝聚。这是你们各自感到最自在的情感表达方式。

注意女人的表达方式是网络伸展性的，需要建立不同的网络，稳定自己的角色和地位，这是自我保护和发展的方式，所以她们天生拥有良好的语言天分，喜欢社交，分享感受。男人的思维和社交方式是线性的，沟通条件欠缺弹性，精神独立，但生活上很依赖。

在心灵层次上，男女的静心方式也不一样。男的是观照，女的是爱。观照是把所有能量集中，而爱却需要能量流动，付出和包容。

因此，一旦遇上和自己能量相冲的恋人，情感上可以很深厚，可生活、思想、精神上却可能难以协调，彼此能量甚至互相排斥，导致只能相爱，不能沟通的无奈现实。很多爱侣走在一起，困苦多于自在，无法明白对方，偏偏爱得很深，难舍难离，像前世遗下的余业。如果遇上和自己表达方式相似、能量流动相配的人，相恋会较畅快一点，更容易感到自在和快乐。

想爱的不一定能爱，这是上天替爱情开的最大的玩笑吧。只能面对、接受和学习放下，不要勉强。

世上有没有完美男人

C有一个相处多年的男友，她一年前认识了另一个男人，这个男人，是个花花公子。

多年的男友待她很好，照顾她，计划他们的未来。她却觉得他太闷，而且性生活平淡，想到现在才二十多岁，不想跟定他一个。花花公子的出现马上擒住了她的情欲，她迷恋他的甜言蜜语，搂搂抱抱，疯狂性爱。第一天认识他已知道他早已有女朋友，并且不止一个。这样的男人，在她眼中原是不能接受的败类，偏偏情欲当下，无法抗拒。她觉得这是天意。

沉溺在他只晓上床没有其他的纵欲世界里，她宁愿脱离现实，能过一天便是一天，以为自己能这样过下去。可不出一年，她已精神崩溃，心口抽痛，失眠消瘦，无法上班。她无法接受他的花心，却同样无法放下他的诱惑。

她向我寻求治疗，问："素黑，到底世上有没有完美的男人？为什么总是只有两种选择：一种是沉闷好男人，一种是浪漫坏男人。能不能有两者结合的品种？我知道花心那个不可取，就是放不下，也许是不甘心，有没有方法能让我改善和他之间的关系呢？"

这是很多女人问过的愚蠢问题：到底有没有完美的男人。

类似的问题，男人不会问，因为男人不在乎女人的完美，他们在乎跟他相处那一刻的女人是否完美就够了。当你明白男人需要女人和女人需要男人之间的差异时，你便明白寻找完美男人是多么的荒谬，跟现实完全脱节。

你也许会告诉我，你没多想其他，只想跟他在一起，但我会再追问你，跟他在一起具体是什么意思呢？

女人经常沉溺在思想陷阱里，误会了自己的提问，以为问得很单纯。看穿自己的欲望吧，别自欺欺人，你最终的要求，其实是想和他结婚生子，一生一世。而你最清楚不过，他不是合适人选，他不能满足你。那还伪装纯粹，想改善关系干吗？你只想拖延时间，逃避现实，青春就这样浪费掉了。

F曾经这样问我：两个人为何要走在一起？为何我们需要另一个人？他，是追求一生一世爱情伴侣的男人。瞧，不是每个男人都爱花心。

两个人走在一起有不同程度的原因，浅层次的原因是人很脆弱，害怕寂寞孤单，需要依赖。但走在一起后，必须追求更深层次的心灵提升，爱才能形成力量，贴近完美。

追求情欲快乐不是不可以，只是情欲永远不够维持关系，更莫说细水长流的爱。

爱情也要放假

女朋友K跟男友一起已八年，感情由浓变淡，双方依然爱着彼此，只是关系上很难再泛起激情，相处时感到有点沉闷。K突然萌生想分开的念头，却同时诧异为何会产生这种念头，因为一直以来，即使平时双方也会有小吵闹，但也不至于要到闹分手的地步。她觉得这念头很恐怖，怀疑自己的爱有问题。

“为什么我那么爱他，还会感到有压力和难受，想离开他呢？这是不是表示我其实并不是真正爱着他，其实自己爱得不够坚定呢？”

一段关系发展到想要分开，换换气，其实是很正常的事，不要妄下负面的判断。想想，是我们一直对爱情关系产生了既有的概念，以为最完美、最好的爱情，应该是时时刻刻在一起，靠婚姻、经济、节日、礼物、调情、甜言蜜语去维系，并且不能分开。

但我们却没有看到这想法的缺点：天下每种关系都会有机会演变成日久生厌，能量停滞，形成无法再向前走得从容自在的困局。其实，**最好的相处状态并不是黏在一起，互相磨损爱情的新鲜感，令关系老化，而是定期良性出走，放个感情的假期。**这是伴侣之间非常健康和正面的相处状态，像替关系做个清新的SPA一样。

假如你每星期工作七天的话，你很快就会耗尽精力，也会破坏工作效率和成果，情绪变坏，体力透支，到最后崩溃病倒。也就像长期失眠一样，细胞得不到休息和更生的机会，结果相继老化，让你变得疯狂失控。

感情关系需要滋养，而这滋养需要养分。养分从何处而来？健康的关系需要足够的流动空间使各自运动，自我更新，换一张新鲜清新的脸，面对爱人。这样的关系，才可以历久常新。

两人相处久了，应该各自离开一下，去旅行，或者分开住一阵子，这是小别胜新婚的道理。别小气，害怕离开了对方便会出轨。我只能说，要出轨的，即使还睡在枕边，也可能同床异梦。

不要留住留不住的关系。更积极的想法是，离开一会儿，才能真正看清楚现在相处的状态是否和谐自在，是否应维持下去，是否需要什么调校和改善。困在一起很难看得透，走远一点，风景多一点，视野更辽阔。

人生短暂，缘来缘去，应正面地保持距离，有勇气和信念把爱情的路走得更健康，更有活力。爱情需要放假，充电回来可以爱得更美满、更精彩。

别让感情老化

Y和爱人结婚三年，那天告诉我她已爱到心生厌倦 。“以前挺羡慕老夫老妻的关系，现在才知道原来这种感觉很差劲，像早到的更年期一样，有点可怕。”

每对爱侣都一样，要经历感情和生活融合的磨炼，才能实现恋爱的童话。相处的日子久了，容忍对方的限期够了，自己的青春不再了，双方死性不改的陋习也已定型，你早已觉得和他在一起变成了习惯甚至负累，早已谈不上激情，你好心说服自己平淡也有平淡的好，可是心已慢慢变灰，镜中面对自己变老的危机，开始狂恋年轻的情人歌手，幻想假如可以的话，好想好想再恋爱，重新燃亮十到二十岁时火烫的恋爱感……

你可曾想过，是不是这一生就落得如此，不再有机会尝爱情，被追求、被约会，心跳、热吻，做火烫烫的爱呢？再想下去，人生还漫长，为什么爱情的生命比名店的大减价周期还要短暂？女人就这样过一生吗？

到底是什么东西，把好端端的感情关系变得黯然无光，死气沉沉，甚至一蹶不振，只想逃避和埋怨，甚至想逃跑和分开呢？

原来，我们都理所当然以为爱就是永恒，不知道爱情其实比青春更脆弱，需要不断更新，新陈代谢，让自己容光焕发。

爱不怕没有心，最怕老化。爱老去了，心便变得麻木不仁，失去激情，失去情趣和更新的动力。这样的爱容易不堪一击，时间越久，越容易生厌生变。

不妨问问自己这些问题，测试你的爱是否已老化：

你有多久没有仔细看一遍你的爱人，重新发现对方的外表和内心了？

你有多久没有怀着初恋的心情和眼神跟爱人相处了？

你有多久没有跟爱人分享人生的理想和梦想了？

你有多久没有约会爱人，送他很傻的自制礼物了？

当你的爱人感到满足和快乐，但你却总是尚未感到满足，所以很难全情投入地分享对方的快乐，是这样吗？

你觉得大部分时间是因为爱人才令你产生负面情绪，如愤怒、委屈和难过的吗？

你会将感恩藏在心里，还是欣然表达，让对方知道呢？

原来，是我们先麻木了爱，过分重视经营生活，在关系中要求，却忘记了恋爱需要补养和维修，让它历久常新，避免生锈和老化。

爱不止要守护，还需要更新，因为我们只是凡人，爱未能完美自足。爱一旦流失便很难回头。待到麻木和心死的时候，便无法挽回。

重新恋爱，别让感情老化。

婚后拍拖的重要

她结婚近十年，一直和老公相亲相爱，专心带孩子，照顾老公，做个好女人，以为无风无浪可以平安过一世。谁知，老公突然对她说，老婆，我对一个女同事有感觉，我知道你很爱我，我不想你伤心，所以向你坦白。我不知道为什么会这样，她有你的影子。我到底是爱你还是爱她？

老公爱上一个和自己很相似的女人，这是什么鬼话？明明天天见，结婚都快十年了，为什么会爱上和自己很相似的女人，却告诉自己他的心怕要变了！听来很荒谬，不合情理，可是，偏偏是真人真事，连当事人双方也不太相信。

问题到底在哪里？原来生孩子后，太太专心带孩子，把所有心神都放在孩子身上，以为这就是最大的爱。有了老公便专心对老公，有了孩子又专心对孩子，爱无法平均摊分，最后孩子赢得最多爱，老公变成了第三者。

男人的爱永远不够专心，不能专心爱完妻子后爱孩子，感情需要不敌生理和贪欲的需求。孩子出生后，男人便失去了爱情。爱上和妻子一样的女人，也算是很悲哀的事情。

两个人决定走在一起，结婚生孩子，必须有成熟的感情分配协议，不要让单方偏重照顾孩子，忽略了夫妻恩爱关系。孩子再可爱再有意义，也不可能取代伴侣的位置。很多夫妇到了感情破裂的边缘，最大的问题不是感情变淡了，或者贪心见异思迁，而是因为结婚后他们不再拍拖，不再恋爱，不再甜蜜地相处了。

婚后拍拖的重要性被很多人忽略，直接破坏婚姻。恋人最大的毛病是停止了恋爱行为，以为单有心已经足够，单有一张婚纸已经是爱的纯洁保证。这是天下最大的误会，可一点也不浪漫。

平淡，缺乏沟通和相处时间的生活方式让感情变淡，大家无法返回恋爱时的温馨感，以致同床异梦，或者妻子早已和孩子睡，不再和丈夫同床了，这是变相分居，非常愚蠢。

待一方遇上能重燃恋爱记忆的人后，婚姻马上触礁。

维持一段婚姻，爱始终是首要的条件。维持爱便要恋爱，不要让爱停下来，以生活琐事代替。婚后一定要保持拍拖状态，找机会和伴侣多单独相处，找朋友或亲人照顾孩子，和伴侣单独去旅行，散心，重新拍拖。

相处的日子越长，越需要启动新的感情生活方式，不然，再深的感情，也敌不过惯性呆板生活的锈蚀。

怎样爱才够好

读者P说："素黑，刚买到你的书。快快读了，天，为什么你不早一点出这书呢？让我早一点明白我的问题，便不会逼走他，和他离婚收场了。失去他是我此生最大的遗憾和失败。"

感情这回事，本来便有迟和早的时差问题，随缘好了。失去他不是最大的损失，爱到失去自己，才是对生命最大的损害。

怎样爱才最好？

这是最难回答的问题之一，比宇宙的起源更深奥。问题大多出在爱得过分紧张不够从容上。

男人和女人对爱的要求和想象很不一样，道德准绳也不相同。某些男人是不想长大的孩子，追求享乐，懒于负责和承担，不擅长照顾别人和付出。偏偏某些女人可能过分母性，喜欢带孩子，又要骂又要纵容，慈母多败儿。有的女人甚至因为害怕失去老公，以死相逼。这不是爱，这是恐吓。

爱要从容不迫才有魅力，才教人不得不爱。女人爱得过分紧张，一旦过分，便形成压力，令彼此窒息，令男人想逃跑。因为失去激情，懒于沟通，他会想向外寻求新鲜感。

我们能明白选择外遇的男人的心态吗？当男人碰上性冷淡或整天紧张啰唆的伴侣时，也会感到不够被爱，不被理解，这并不是女人的独家感受。既然无法在自家的床上得到被爱的感觉，只能再上性途，寻觅能体谅自己的红颜知己。男人并不一定是只求性快感的野生动物，男人也想做宠物，也会怕寂寞，需要人爱慕、欣赏和宠爱。**男人用身体感受爱，女人用脑袋和口制造爱。**问题便出来了。

女人可以埋怨为何男人都那么纵欲和自私，我只能说，女人的脆弱和占有欲也不相伯仲。记住自疗的重点：**要面对问题，善意解决，不要怨怼。**

怎样爱才够好？放松一点吧，甚至离开一下，别迫死自己迫走爱。

病态的焦虑和负面的否定惯性足以把爱赶走。别虚耗精力，思考如何留住伴侣，答案是不会在病弱的脑袋里萌芽的。重振对爱的信心，首先要重建自信，关爱自己。先学习静心，把自己过分紧张的能量重新调配，离开思想，返回生活，享受生活，才能重获能量，提升爱的能力，**让伴侣感受到你的爱，而不是你的恐惧和埋怨。**

情绪决定关系的命运。情绪稳定的人，才有能力建立和谐的感情关系。

爱并不是一相情愿过分的付出，让心安定下来，你将处变不惊，不会大乱阵脚，制造更大的麻烦。当能量转化了，关系才会有转机。这样爱，才够好。

闹分手的启示

爱侣要闹分手了，大家总会问，爱过又如何，到最后还是要分离，苦了自己。人希望恋爱，到底为什么？

很多人就是因为害怕自己一个人好孤独，所以寻找另一个人陪伴自己。两个完全不同的人相爱没问题，因为有很多新鲜感，很多刺激，互相磨合、理解和沟通，修修补补，有笑、有泪、有变幻，这样便一世了，不亦乐乎！

两个完全相同的人相爱才有大问题。你和自己聊天、吃饭和做爱干吗？能这样的话简直大吉大利，可以享受独身主义，少添烦恼不是吗？何必没事找事烦！两个太相似的人走在一起，失去太多可能性，只有惯性和重复，甚至狡猾的自恋和执迷，你是你也是我，我是我也是你，唉，有什么意思呢？不如天天对着镜子自慰。

你可能会不甘心再问：那两个品性差异不大的人走在一

起，总比两个太悬殊的人走在一起好吧！

对，很好，只是世事没你想象中那么完美。我们无法替爱侣列一张匹配的微细清单，看哪些地方宜相同，哪些地方宜不同，最后看总分多少定情缘。希望越大，失望越大，计算越多越失真。完美的算术是不存在的，它只是概念，返回中学问数学老师便知道。经过精算匹配的情侣，有多少还能四肢健全睡在一起不打架，我很想知道。

你和他也许是一个小女人，一个大男人，一个实际活在地，一个幻想飞上天，观点、要求、理想什么都不配，剩下唯一走在一起的理由只是一个虚无的“爱”字，“缘分”两个字，和“对我好”三个字，但一二三加起来够养活爱，培育更深的爱吗？实在有点难度，也很难为情。

两个完全不同的人相爱是可以幸福的，正如两个完全相同的人走在一起也有幸福的机会，关键在于彼此一起变，一起进步，一起爱，同步、同心、同梦想。

相同和不同的定位只在彼此走在一起的初步，**要走下去，便要互相求变，一起成长，放下自我，磨合出一个更完美的自己，成为更完美的爱人。**

这就是恋爱的意义。

他依然故我，你依然故我，相爱而没有让自身改变的恋人，才是爱情的杀手。

走坏了或走累了的恋爱路，答案不一定是分开或死守不放，可以给恋爱放个假，改变一下生活方式，彼此拉远一点距离，会看得更清楚，心会更澄明。

改变，就是让惯性遁形，才能看到改进的起点。先开放自己，有转就有机，再看缘分。

爱，是看对方所做的

她一直为男友付出爱，日以继夜地给他无微的关怀和照顾。

他习以为常地享受着，因为有女友的照顾，他可以安心工作，发展和追求他的事业和理想。可能因为照顾来得太顺利，他渐渐由最初会向女友说感谢，偶尔送点小礼物逗她开心，到后来变得有点理所当然地享受，早已忘记了感恩，甚至看不到她的付出了。

然后有一天，他发现了她的手机留言记录上有和另一个男人暧昧的短信，他大怒，质问她，迫使她招认已经移情别恋，背叛了他。

可她极力否认，声称她没有做过背叛他的事，她的心还在他处，她一直爱的只有他一个。那些短信，只是偶尔找个倾诉对象发泄一下内心的抑压，因为她一直没有从他身上得到爱的肯定和支持，他已变得顺理成章地享受她的爱，可却没有同等地关爱她，向她付出。当她感到孤独难过时，她才发现，原来自己一直像母亲一样，没有恋人应享有的爱情。

她说：“我不是单求回报才去付出的人，可是我也需要爱。长期单向的付出让我筋疲力尽。我一直忍耐着，直到遇上一个关心我的人，我向他诉说一下，这样也有错吗？我不是神，我也是人啊。难道这样就要判我死罪吗？那他长期对我的冷淡和埋怨就没有错吗？”

我们太容易忘记感恩，糟蹋了爱。遇到过一些男人，在享受着爱侣的付出时，当被要求也付出一点点，体谅她的感受时，他们竟指责她只求回报，批评世上原来并没有无条件付出、真正包容的女人。可笑的是，他们没有反问自己，凭什么要求爱侣为他无条件付出，就因为他的性别是男人？

没有包容过女人的男人，没资格要求被包容。包容是女人的天性，但包容的对象不一定是你。

想起小王子和他深爱的玫瑰的故事。小王子在离开了玫瑰

后才明白爱的道理 ：“我那时什么也不懂！我应该根据她的行为，而不是她的话来判断她。她使我的生活芬芳多彩，我真不该离开她跑出来。我本应该猜出在她那笨拙的假话背后所隐藏的情爱。玫瑰花是多么的自相矛盾！可是我当时太年轻，还不懂得去爱她。”

我们都不懂得纯粹享受被爱的福乐，太多爱情都是败在错误判断对方所说的话上，执著对方说过什么而受伤难过，忽略看他所做过的实事，最后因疲惫而结束。

看对方所做的，不要听他所说的，感谢对方为自己做的一切，这是我们最少要学懂的爱情道理。

我进他退的关系

T说她的男友是个世界产量达百分之八十的退缩型男人，遇上问题不主动解决，逃避是他们求存的方法，日夜钻进计算机游戏和色情网站逃避沟通。不懂得照顾自己，却声称会好好照顾你，不让你受苦，其实他连自己也无法照顾好，手机费没交，房租已欠了两个月，连女友人工流产的时间也记错，面临分手时只懂无奈地发短信：“对不起。”连亲口说句安慰的话也无能。

T最恨的不是男友一味地退缩，而是他唯一的进取时候：为花心而说谎，无耻也无赖。刚和她说过只爱你一个，马上背着她在厕所发短信给另一个情人说：“老婆，别生气，爱你一万年。”被搜出还死口不认。T判男友的死罪，是因为没情趣、没心思、信口开河、贪欲太多，不思进取、不能依赖、不能嫁……其实更大的死症，是他根本没有负责任的能力和决心。

假如这种男人可以一个人活下去，不打扰女人的话，实在没问题，世上也没有所谓窝囊不窝囊的男人。

说打扰女人，其实也有点不正确，问题不是单向的，正因为女人偏偏有感情需要去照顾男人的窝囊，为他们出钱出力，付出超过能力范围的关爱，所以男人才打扰了女人追求井井有条的生活和心理上需要安全有依靠的梦。

男人的问题，都是女人认定和否定的问题，可吊诡的却是，明知男友无能，为何还不肯放手，选个更好的？女人的答案是：恐怕新找到的比这个更差劲。结果你不情他不愿，关系继续纠缠下去。

女人一般善于积极处理感情问题，积极的意思是竭力推动男人，要求他改变。而男人一般很抗拒和被动，不是不想解决问题，而是根本没头绪也没方法，把问题和答案都交给女人负责便行了，这是男人理解下的开放和大方。我不决定，你老大你主事。这算是尊重女人抑或是推卸责任呢？主动和进取便是最好的解决态度吗？沉默是深省问题的冷静，还是逃避责任的懦弱表现呢？女人进男人退，结果留给双方更大的压力，可这不是解决问题的有效方式。

问题的关键在于面子。女的压迫，男的逃跑，都是单方面维护面子的方案，却不是为双方的利益。要解决问题，应该先问最核心的问题：大家还相爱吗？还想继续相处吗？想的话，请深深拥抱一下，放下自我和贪欲，一起寻找出路。很难吗？看你们爱得有多深，或者贪欲有多深。如果爱已沦亡的话，便别再浪费生命，还是爽快离场好。

男女应该可以爱得漂亮和爽洁一点的。

结婚比恋爱难

准备结婚的男女，都会花心思，找特别的场景拍结婚照。朋友J和L专程到日本京都拍红叶婚纱照，感到非常浪漫和幸福。临出发前，J发现拍照当天极可能下雨，非常扫兴，怕L知道后影响情绪，加上L对婚纱公司的安排早有微言，暗里细心跟我说，他会肩负起照顾女友的情绪的责任和主动打点拍摄的沟通事宜。

一个好男人。

结果，拍摄当天，闹情绪的是他不是她。他也不明白，原来他高估了自己的情商，女友反而心情平衡，他却闹闷气。事后女友耐心安慰他，了解他的不快。最初由爱和善意肩负的责任，不料变成潜意识无故反弹的情绪波动，制造不满和埋怨的祸根。幸而双方都是情理兼容，愿意沟通和体谅的难得爱侣。不消一刻，天朗气清，没有忘记更重要的爱。

照片早已不重要。

这是爱侣之间经常发生的矛盾：以为本着爱而付出，孰不知自己承担不起，有心无力，还演变成埋怨，令对方无辜忍受你，捣坏爱的心情。

尤其是在筹备婚礼时，很多爱侣会因为处理太多俗务和人际关系而扭曲感情，变得脆弱，态度烦厌，例如勉为其难讨好双方的家人，埋怨对方不上心，依赖你打点一切，酒席出问题，婚纱店骗钱，约好买家具结果迟到或爽约，选礼服时对方无心一句“随便啦”让你伤心，想退婚……感情本来好端端的，结婚到底为什么？

婚姻比恋爱难，因为那是处理世俗关系的游戏，跟爱没有必然性关联。但爱若是够成熟和坚强的话，也能包容世俗，甚至超越世俗。

婚姻是个人选择，没有好与不好，清楚知道彼此对情感和现实的需要，管理好整项计划就行了。婚姻是否成功，在于你和爱人的心是不是连在一起，共同进退，互相体谅，以爱为首。问自己，其实你关心的是婚姻还是爱？名分虚荣和面子跟爱哪样更重要？

有人为了结婚而恋爱，最终为签成婚纸走进五星级酒店或迪斯尼的豪华婚礼，即使对方明明不是适合的人选，还是舍不得放手，盲目迫婚不顾后果。尤其是那些饱受情歌、爱情小说和性别道德毒害的女人，害怕嫁不出，偏离现实，幻想结婚就是幸福，找到能向自己、家人甚至同侪交代的借口。诚实一点吧，问自己，你真的嫁得快乐吗？

都说爱情里面太多关系太少爱。

每张床都有本难念的性经

多少伴侣或夫妻在性方面谈不合，并不是感情问题，两口子就是还差一点点才够完美，像忘了放盐的汤。

女人对性的态度和观念很复杂，背负很多道德、心理危机和现实生活的负担，如要抓紧安全感，要带孩子，还要顾及生计、关系和面子，当然还有背上感情危机的包袱，高度警觉伴侣可能对自己不忠，从多疑变成焦虑，也是性和谐的杀手。

女人从来对感情想得都太多，把一切化成问题，什么都是问题，问长问短，却没有提问题的逻辑，更不消说没有解决问题的能力和方案，结果一切都变成问题。偏偏男人最怕的就是女人的问题，最怕性爱变成问题。

性不适的问题，冷感不是主要原因。还有些旁观者会发笑，当局者却笑中有泪的个案。像一个女客人曾告诉我，她对男友的性表现相当满意，唯独受不了他的体味。又有一位男读者给我写信，说受不了女友无穷的性要求，令他累得要命，搞到快“精尽人亡”了，却因为深爱她，无法满足她而感到很自卑。“我还是个管用的男人吗？”唉，可怜的男人！

性满足，对男女关系而言是多么重要，性不适，又是多么难于一刀切地定案。

本来，每张床都有本难念的性经。

体味和要求多可以调节，并不难改善问题，但不喜欢性爱的话，老实说就很难维持良好的感情关系。淡而无味是欲望杀手，偏偏性是欲望需求，长期被压抑得不到释放，最终必然出事。

女人不喜欢性是老化的迹象，是迷信“好女人”的恶果，是否定肉体的祸，是五官便秘的病，不懂欣赏肌肤之亲的乐趣。这样的女人，应重新接触肉体，学习打开触觉观感。缔造良好性生活其实也是巩固爱情的过程，不懂得如何表现得较浪漫吗？不妨先为性爱环境加添增值元素，如配合喜欢的音乐、烛光、香熏，甚至放着喜欢的连续剧某段浪漫对白边听边做爱。不要把责任推到对方身上，人家好性是生命力旺盛的好事，要庆幸还来不及呢！

也有面子问题。不要要求自己一定达到某种快慰，做某些动作，先不要自添压力，就像两口子去旅行一样，怀着轻松的心情做爱，本着交流感情，交换爱的能量，玩游戏的愉快，做到哪里就到哪里好了。这是恋爱的环节，两个人一起做运动，跑一圈，就这样，效果反而是意想不到的从容不迫，很多埋藏的心结或者性压抑自会除下。

验身 合理

F 来找我治疗，她说 :“他原来是个性滥交，大嫖客。我确认得了性病，他还死不承认，说是我抵抗力差，身体虚弱而已，不要冤枉他。说时他的手机响了，对方的妈妈在医院打来，说女儿为他人流，险些送了命，骂得很大声，连我站在旁边也清楚听到刺耳的诅咒。我忍不住掴了他一巴掌，抛下杂种两个字就离开了他，现在还饱受性病和心理折磨的摧残。素黑，男人是不是都是屎？”

男人当然不是个个都是屎，但其中有些变成屎也是毫不出奇的。

女人要做的，是在爱的重装迷惑下也要保持清醒，学会自我保护，尤其是准备结婚或生孩子的女人。F 的个案是错爱了不负责任的淫乱男人，其实连他自己也不知身上带着什么可以传染性伴的病毒，也许他有天病死了连自己也不明死因。依赖这种未长大的男人保护你、爱你，是你的错不是他，他根本没有觉知能力保护自己、保护你。

两情相悦情到浓时，很多情侣连安全套也没准备便欲火焚身，缠绵性爱。这是人之常情，虽然并不鼓励。因为，很多意外怀孕或性病感染，就是在这表面最浪漫的情境下扫你的兴，事后给你一个噩耗：你中招了。温存过后，到底是否能一起面对爱情背后的隐性暗涌，才是两个人真正的爱恨大考验。

假如你和爱人真心相恋，感情稳定后，准备同居或结婚前，为了更好地保护彼此的爱，不希望有跟爱无关的隐性病毒最终影响大家的感情，绝对可以向对方提出来，一起去做一些检查，如肝炎、性病检测等。

这不是翻旧账，而是看未来。

负责任的人不会说出“你怕什么？你不相信我吗？”之类的问题，只会主动说：“我明白的，让我们一起去，宝贝，我爱你。”

当然，总有因为基于不信任，或者已经存在怀疑的男人，希望你去检查一下，证明你对他的忠心。你是可以选择去或不去的，假如前提已不再是为健康，而是“我已不再相信你”，检查结果已不再重要。

但总有女人天性太多疑，即使对方为了你把他的每个细胞也逐一检查过了，你还是不相信他，还是要找他麻烦，无法放下，那就没话说了，这段关系很难维持到明天。

游戏规则就是游戏规则，不要出尔反尔，要尊重对方的感受和诚意。检查过没事了，就得销案，不要郁闷成疾，放不下的始终还是你自己的心结。

被诱惑是一种心瘾

她哭着对我说，素黑，你告诉我，到底我对他是还有爱，抑或只是放不下？

她和男友已分手，理由是她受不了他的好色陋习，是个撒谎高手，一边对她说："若我对你不忠便遭雷劈，被车撞死。"说后不到半小时，在网上和另一个情人发誓不爱她就万劫不复，不得好死。事实是他并不是猫，没有九条命，想花心的话只好说谎，深信自己不会遭天谴。对这种男人，还有爱抑或放不下，已经没有本质上的分别了，只剩下两个字：盲目。

他在分手后还不时找她，说挂念她，希望见见面，相见就是缠绵，上床后便冷漠离去。看中的，不就是她对他还有留情的弱点！她心知他只贪恋她的身体，对她的其他一切没兴趣关心。没有爱的前任男友，到底还要和他亲密接触干吗？不是自作孽是什么？

好色不是罪。性是人类灵欲结合的珍贵的超级享受，也是一种基于信任的分享，应该互相尊重彼此的需要和感受，才能获得美好的性体验。

一个负责任的人，应该对自己的性伴侣坦诚，不能只为满足一己的私欲，存心欺骗对方，或利用诱惑赢取对方的信任，讨方便的性。

纵欲无情的男人，只要求性欢，女人应该看得出。偏偏执迷不悟的女人宁愿和这种男人欲断难断，其实也和他无异，不过是做了贪欲的奴隶而已，根本谈不上感情还在或其他。男人懂得花言巧语，诱惑女人，上钩的人可大有人在，这正是“男人不坏，女人不爱”的死穴。**男女双方都是因为贪，情欲当前没有高下之分。女人也要为自己的痛苦和不幸负上一定责任。**

别多怪责花心男人对你有多差劲，只能怪自己为何那么卑躬屈膝，贱卖自己的感情和身体。该知晓别幻想贱男会为你破例从良，在他眼中，你其实比你想象中更没价值，你并不重要，因为你不过是泄欲的工具。

先学习管理自己的欲望，人要变得坚强和独立，才能进入爱情的游戏，畅快享受而不受伤。把爱的能量集中起来，放下过去，不被诱惑迷倒。

爱上被诱惑是一种心瘾，能给自己造梦的感觉，幻想自己有很多人爱，溶在甜言蜜语的假象中，但这种贪恋不会带来具体的幸福，只不过是短暂的过把瘾而已。面对现实吧，犯不着成为旧爱心中一个廉价的后备性伴。别再被剥削，应该更珍惜自己的爱。

无品的男人

一位男读者告诉我，他发现自己失去了当初对感情的执著，因为失恋伤痛过，现在看着一个个女生自动送上门，又看着她们一个个失望兼伤心地离开，心里竟没有一丝伤感，反而觉得女人个个都一样，已再没有惊喜，偏偏没有时又感到失落，像生命被穿了一个洞一样。他问："难道我真的对爱情麻木了吗？"

男人不怕蠢钝，不解浪漫，不知如何爱女人，最怕对女人来者不拒，不分美丑，麻木无情，没精打采，可有可无，放任惰性的态度。

其实没有男人天生懂得和女人相处、相爱、相见欢，大家都在感情路上跌跌撞撞，经历爱和被爱的难关。不懂爱不打紧，肯花一点心思和诚意去了解、去学习、去适应，便已经很不错了。

可是，懒于经营、付出和用心的话，爱情几乎可以被判死刑。什么人都可以喜欢，离离合合也无所谓，那么你的名字便叫“无品”。说不好意思拒绝女人的爱，这是男人推卸责任，也是骗人骗己，慰藉一己懦弱的自私借口。自封“坏男人”后，安于无动于衷是严重的病态，你将失去人生超级重要的东西：感觉。

感情上最大的恶疾除了执著，就是没有感觉。为何人会变得麻木呢？因为失恋受伤过？不，不过是借口！怕受伤是强制的理由，依赖才是真正的原因。当男人把女人当成母亲，只想做回孩童，重演不负责任，懒惰依赖的坏儿子角色时，那当然会变成谁当阿妈也无所谓的口味了。的确是非常可怜的生物！

没有感觉是可怕的，失去激情是被诅咒的不幸。想避免随便接受女人，必须学习尊重爱，视女性为备受尊重的性别，而不是当做你收养的过分母性的自来猫。别自辩说：“我没有叫她来，是她自愿的。”就是这句话，令你失去感觉，失落灵魂。**接受不打紧，剥削却是罪。**

请视女人的亲近为一朵花的柔香，先放柔双手去拥抱，开放自己的感官去享受，从细微的反应开始感应，打开封闭的心，让它接通你的感情神经元。

懂得细腻去爱一个女人的男人根本滥不起，却很了不起。先为女人付出，别坐享她们无私的爱。感谢她们的出现，因为她们选择了你，愿意去爱你，你应该用感恩的心报答她们。培养感觉的最有效方法，便是感谢过去的伤痛和眼前的拥有，爱将会渗出来，滋润你的贫脊。

拥有女人味的男人

三十多岁的S找我诉苦，她的困扰是受不了老公粗糙的大男人形象，结果爱上了她温婉得像女人的上司。

她说："素黑，我是不是有病？我讨厌老公满口烟酒味，在家不穿上衣，如厕不关门的豪气。他总以为女人都欣赏他的大男人风格，可我就觉得太没品味了。去年，我终于忍不住和温文尔雅的上司地下情。我喜欢他的衬衣永远干净整齐，说话永远温柔，眼神旖旎，像很明白女人心那样的关怀，家里很清洁，有中产男人的洁癖，床上拥抱我时像飘在云上一样的性感。虽然有点娘娘腔，还会涂护肤品和润唇膏，你明白是哪种类型吗？和他一起的感觉就像为弥补丈夫欠缺的温柔，觉得很安全。他没有老婆，我希望他永远爱护我，不伤害我，不离弃我，怎么办？我是不是有心理病？"

认识不少女人也跟她一样，对"男人味"太浓的铁汉没兴趣，管他是健身的肌肉狂，还是满口脏话，吻你时口里还有烟酒味的水浒好汉。女性味重一点的，反而更教人舒服，尤其是情人。

中国女人在几千年大男人霸权当道的压抑下，早已失去了自己，大部分女人，都变成“男人”了，想男人想的，做男人做的，说男人说的。温婉的男人，眼睛特别性感，就是拥有那种令人觉得安全、信赖的感觉。女人特别喜欢他们，其实是因为他们像自己。

我们之所以爱上这样的男人，大多是因为自恋情结，最后都是为满足自己。

也许“男人”的概念代表太多伤害，吓怕了女人，所以宁愿爱一个表面杀伤力不强，拥有女人味的男人，这是“完美”情人的欲望投射，淡化异性性征的理想。啊，柔性的情人多么好，拥有女人特质的男人不会只重视你的身体，而是重视你的个性、感受和情绪。你说这是一相情愿也好，自欺欺人也好，但梦还是可以造一点点吧，假如身边的情人实在太过霸气没家教的话。

当然，女人是贪心的，当女人味男人原来在某些事情上不能“男人”给女人看时，她们又会嫌他们不够Man，娘娘气的冤孽！譬如，当男人看到蟑螂时比你叫得更大声，不够钱买房子养不起你，或者做爱时原来也有色狼相，跟猪相丈夫没分别时，你还是会嫌弃他们的。

女人扪心自问好了，到底是真心想将男人女性化，还是不过想改造男人满足你自己而已？女人太多暗伤，都是自讨苦吃。

热情的女人危险吗

男读者K埋怨他的女朋友太外向、太热情，让他没有安全感。

“到底热情的女人是不是好女人呢？她啊，对男上司异常殷勤，对朋友的男朋友也非常亲切，对她表哥和小舅父也特别黏，爱撒娇，最受不了她对我的弟弟和哥们儿也非常关心，主动和他们单独谈笑。天，我都搞不清她是水性杨花，还是天生热情开放，不拘小节。我承认我是传统大男人，和她一起感到不安。可是，她确实没有做过什么背叛我的事。她对我忠心专一，只是我不喜欢她和其他男人在一起时不分亲疏的亲昵表情和态度。”

幸好他承认自己是个大男人，知道女朋友对他专一。

没进化的男人，大概只能在女奴面前才能活得安心。

换一个角度看，他需要她，不过是想拥有她，将她变成他的附属物，把女人养在家独自享用。多传统的男性思想！

过时了。

热情开放的女人危险吗？对大男人而言她们是危险的，因为她们的心是开放的，生命能量很强大，爱的力量也很充沛。也许她们是真的智者，把人际关系看得太真实，明白欲望、依存、亲切的生存之道。也可能只是她们天生太热情，对所有人都好，不分男女。可在爱情中，热情便既是甜品又是苦茶，你享受的同时，又不希望她将热情分给别人。

就是有很多女人天生储备很多爱的热量，母性特强，需要分享，叫她们压抑热情，就等于叫她们坐牢一样苦，失去成为自己的自由。她是需要你去逗、去哄的猫，但猫还是猫，她同时需要到外边野。她可以选择陪伴你，但不一定需要你独家的陪伴。或者她是过分热情的狗，对你痴缠到死，可一会儿又跟邻居或陌生人忘形共乐，亲切得叫你尴尬和妒忌。

你可以埋怨这种女人不安分，她可能不是最佳的情人，但肯定是受欢迎的女人，令人舒服。你可以不认同她的行为或性格，但这是她们的生存哲学：少惹敌人，再见亦是朋友，世界是个大同的感情网络圈。别忘了，女人天性需要扩大社交网络，建立安全感。

你可以要求热情的女友多关注你的感受，不是基于干涉她的交友自由，而是基于互相尊重，希望她多留温情时间和爱给你。**记着一点：你是她的爱人，却不是她的全部，也不应该是。你能给她其他男人无法给她的，但其他男人能给她你无法给她的。关系从来都是双向的。**

男女关系要大方，才有长远和自在的可能。

当情人变成老婆后

某男客人来找我，说他受不了婚姻再失败的烦恼，觉得女人婚前婚后就像两个人，真的受不了。细问下，原来他和前妻离婚是因为他有了新情人。后来他和情人结了婚。当情人变成老婆后，相处了一段时间，他便发现原来迷恋的情人其实并没有想象中的好。

“女人啊，娶回家后脾气会越来越大，对我的细心呵护也越来越少，不会像以前那样花心思讨好我。每天只顾着美白和跟八卦朋友讲是非，去购物。我好像又看到了上一段婚姻的影子。”

他开始对前妻和小孩感到抱歉，因为前妻一直没有再婚，所以他对她又产生了回头的感情，经常去探望她们。结果现在的妻子不理解，觉得他对前妻余情未了，为此经常和他吵。“难道这就是婚姻的真谛吗？离一次婚已经把我弄得筋疲力尽，已经没有精力再来第二次了。”

又要抛弃、又要歉疚，其实是他最贪心，幻想得到最完美的女人。

做梦的男人原来跟做梦的女人一样幼稚：梦想缔造幸福的家，有个爱自己、依恋自己的妻子，替自己生孩子，做家务，回家时会对你微笑，任劳任怨，入得厨房、出得厅堂、兼可上床，永远年轻、美丽、性感，刺激你原始的性细胞。

发现现任妻子变得臭脾气和小气，其实也是他自己的反映。她变成怎样，他也一样。本来，夫妻之间的能量就是互相感染和影响的。双方对对方都有近似的期望，一个只晓退守等待，另一个主动先讨好自己，便会出现权力和感情不平衡的现象，总有一方开始感到理亏、不满，然后就是埋怨。因为没有讨好对方，对方也在埋怨，恶性循环，所以婚前大家会说“我爱你”，婚后却只能听到“你变了”，真的很无聊。

为何婚姻总是重复着令人烦厌的轨迹呢？

当你得不到满足，当你不切实际的幻想破灭时，心一酸，动乱，天地翻转，原本带着爱的眼睛突然现实起来，开始计较，开始品评。原本用感情去看的她很美好，愿意用爱包容她的优点和缺点，现在忽然理性起来，甚至变得苛刻，眼里只会挑骨头，本来看得顺眼的，马上变丑、变坏、腐朽掉。然后，你的结论是：她变了，你选错了，后悔，进退两难，讨厌对方，希望从头再来，可一切已经太迟了。

是男人的梦一开始就太幼稚也太粗心，以为换妻子就是解决欲望无厌足的最好方法。

男人承受不了的不是变旧的妻子，而是内心的贪欲。

经常更换恋人

男客人 R 很害怕没有恋人的日子。他快步入中年，已经历过差不多三十段恋情，最短的不到一星期，最长的不到两年便完结。他觉得问题都在女人身上，依他的说法，是女人太现实了，很难满足她们的物质欲求，不是拜金主义，便是小气多疑，不够温柔大方。

尽是女人的缺点，问他可有发现自己的问题时，他眼光飘移，说有的，也只是因为他没有钱。

为钱而爱的女人很多，但为爱而放弃钱的女人也不少。

有钱便真能得到爱？其实我们都很清楚，有钱可以买到某种男女关系，但真正的爱不是钱能买卖的。以对方功利为由，解释自己经常失恋，频换伴侣是不诚实的，因为，你没有面对自己真正的问题。

经常更换恋人，不论男女，除了表面的物质条件不足以留住对方外，同样也必然是内在条件不足够。也就是说，你就是缺点太多，不足以留人。他们最大的死穴不是遇人不淑，而是从来不敢也不愿意正视的问题：严重害怕寂寞，缺乏安全感。

寂寞难耐，很多男女即使表面上坚强、能干，骨子里却非常害怕寂寞，形成热切追求恋爱的性格，自以为天生多情热爱浪漫，予人野性开放的形象。事实上，他们最怕黑夜来临，担心一个人苦无伴侣的虚空感，无法接受和享受生命的自足性。

害怕寂寞的人，潜意识里害怕面对内在真实的自己，缺乏看穿自己的弱点后承担和进步的力量，需要依附别人转移视线。缺乏安全感，自然也无法予人安全感，所以难留住恋人。

其实他们需要的不是爱，因为爱太沉重了，他们只需要陪伴。这些人特别痴情，也特别多情，可都不敢深入去爱，因为深入去爱，意味着同时要钻进自己的内心，面对自己。他们宁愿爱得容易去得快，甚至已失去深入去爱的能力，太辛苦的爱花不起，不如不羁一点，懒于负责任。

经常更换恋人的男女，因害怕寂寞而特别怕老，对时间特别敏感，不想放过眼前任何一个调情的机会，宁愿盲目追求，自制感情假象和快速失恋的定局。你可以说他们像孩子一样敢爱敢恨，很可爱，但更真实的是，他们没勇气长大，宁愿借爱情逃回没负担的童年世界，活在虚弱无力的假浪漫中，顾影自怜。这是退步和负面的心态，容易沉迷于色欲和所谓的温情中，耗损能量。这样的人，隐隐活在恐惧和自怜中，无法自处，难于爱得长久。

等你作决定的男人

有位女读者写信告诉我，她的男朋友对这段关系的心态只有三个字：无所谓。

表面上，他很顺从，她要什么他都给，可是她不主动的话他便沉默，像失踪的鱼一样游到大海深处，让你无法看到他的底。她想去旅行，他说好，你拿主意。她想到他家，他说好，什么时候来？她想他抱她，他便被动地抱一下。她想做爱，他会冷静地查阅时间表，报告一样地问星期五七点去你家有没有问题。

假如这个男人不是由认识至今都是这副德性的话，那明显地，他对你的感情已淡。当一个人对自己的感情毫无所谓，变得被动不积极，再没有梦想，表示这个人的热情已死，你和他之间不可能再有爱情了。失去感情，**不再带着激情的感情关系只剩下关系。**红灯已亮，你就对他别再幻想将来了。

男人喜欢用这种“让你决定吧”的态度，处理变质或过期的关系，表面上是给女伴坐拥主导权，你想怎样就怎样，我没意见。实际上，是让女伴知难而退，把关系送到结束的边缘，那么事情就容易办了，深知女方一定会问很多问题，提出解决方案，他在其中选择对自己最有利的便行了，让事情变成“是你提出的，我顺从你而已。”责任，顺理成章落在女方身上。

承担，男人最害怕的，就是这两个字。

恋爱关系最教人伤痛的不在爱的多寡本身，而在如何处理分手的技巧上。恋爱要一起参与才有意思，分手也一样，单方面的积极和抓紧，令人分得更伤痛，一个人承担本来是两个人共同分担的责任，千言万语也无法阐释个中的冤屈。

到底弄到要分手的地步谁是谁非，其原因早已不再重要了，重要的是，能不能承担一段变质的关系，一起理性、和平、平等地处理好，爽朗一点说再见。在处理感情问题上，男方倾向选择逃避和被动的态度，能拖便拖，不能拖，便让女人自己决定，他顺从已是最大的积极了。这，不过是懦弱。

尤其是当纠缠在两个女人之间，要作出抉择时，很多男人都退缩，让她们自行谈妥到底谁留谁走，然后由他顺从赛果，接收留下来的那个。可怜两个女人都不是人，只是她们以为爱着的那个男人的玩具而已，他只爱自己。这种毫不尊重女友感受的男人，根本没资格爱谁。

学习取舍是爱情中最残忍的训练，缘分和互相尊重是爱的条件，千万不要放弃自己的尊严，委屈求存。要有向等你决定关系的男人说不的勇气。

第三者不易做

谁都不愿做第三者，但有些女人却乐于享受成为秘密情人的自由。

如W，快三十五岁了，离过婚，没孩子，是个优秀的投资顾问。离婚后一直跟不同的已婚汉在一起，她认为可以做到完全不在乎，因为自己有条件挣钱，社交生活自由，可以和几个男人交往，从中选择可发展更亲密关系的男人。交过的已婚男朋友有她的上司，也有在工作上的客户，朋友介绍的，甚至是替她家装修的技工。“第一次我争取对方离婚，结果失败，那时心有不甘，从此我学会一个道理：不能争的，不要争，不如装作什么都不知情，享受相聚的一刻才最真实。”

于是，她学会保护自己的感受，聪明地沉默，尽量不要让对方的太太知情，知情也保持低调，不在重要节日争宠，偶尔撒撒娇，把自己打扮得好看一点，保持情人对自己的新鲜感，同时也享受属于自己的自由空间。

“两个人天天挤在一起其实并不一定是好事，又不是为了钱才爱他。”

这大概不是百分百真心话。年纪渐大，岁月终于给她压力了，患了忧郁症来见我，承认她只是一直在说服自己不要面对，心会记住曾经受到的冷落和小委屈，一点一滴累积到最后，直至情绪崩溃。

作为婚外情的第三者，表面上不在乎婚姻，但心底里还是妒忌的，会变得野蛮，以为事后撒撒娇，哭两声，很容易又能把男友的心抓回来。不过她们忘记了，搞婚外情的男人很多都是花心和短暂记忆的动物，男人只愿在床上花精力，无法在女人争斗场上无谓泄精。秘密情人的重点在“秘密”两个字，把关系收藏好，是为情人也为自己“储精”，这是第三者的游戏规则。

秘密情人不好做，表面逍遥，内心却充满委屈：关系没有保证，也没有什么尊严可言，永远没有主导权，永远是后备情人，永远是隐形人，需要学着习惯和无奈相处，不问不知，为年纪渐大时什么都不想改变、不再在乎做好心理准备，享受见面的当下，忍受分开的寂寞。

问心，你可以吗？

在两性关系上要假装不在乎的东西有太多的话，则需要消耗很多能量说服自己。结果爱到筋疲力尽，最终受不了寂寞不甘心的困局，相处多年后才抱怨对方没给自己一个名分，证明对方不爱她。天，还谈什么爱的道理呢？

情欲关系就是情欲关系，可是日积月累的委屈，已造成残害自己的暗伤。青春有限，这样值得吗？

和好朋友恋爱好吗

友谊重要还是恋爱重要呢？

你和异性知己友情深厚，已是多年深交，相处时毫无压力，彼此重视对方，关系亲密，只欠成为情侣。为什么不敢进一步呢？就是因为彼此太重视这份得来不易、维持良久的感情，害怕发展成爱情的话，会破坏一点一滴积累的亲密关系，日后若恋爱告吹，输不起失去这位知己的幸福，觉得甚至比失去爱情更不幸。

可是对方忍不住剖白了对自己的感情，那怎么办呢？问自己的心，啊，真的非常喜欢他，甚至一直默默爱着他，只是不敢实现梦想，怕输不起吗？

缘分真是古怪的东西，去留无计。抓得住便是有福的人。太多的顾虑会糟蹋自己，溜走了爱，但逃避又是浪费了爱。真不知所措。

或者，大家都不要先抱着太大的包袱去爱。能遇上和自己合拍的人已非容易，能擦出火花，宁愿视死如归的闯情关也不容易，趁青春，实在可以义无反顾地去爱，能输得起才有赢面。关键是怀着勇气去爱，乐于付出，感谢对方的存在和自己的勇气，抱着输得起的心态走一段路，享受途中的风景，那么，每一步都是赚回来的经历，一生便无遗憾了。

既然大家都经历过，知道恋爱的得失，可以彼此约定，即使感情变淡了，也要以平常心面对，好心分开，愿意珍惜分手也是朋友的缘分。

没有人能预先知道能跟谁过一世，也不应死守这种要和恋人过一世的想法，因为那只会加添很大的压力。

活在当下，珍惜和享受每个能和爱人在一起的当下，共同进退，越怕失去，便越要好好沟通。紧张不会带来改善，泰然处理问题反而更有转机。别收藏心事，造成腐烂的毒瘤，日后想补救便太迟。

从朋友发展到恋人，本来就是最正常和自然的恋爱过程，没有害怕的必要。笃信一见钟情、前世约定、一夜情这些虚无缥缈的爱情幻觉，不是更具危险性吗？好好把握，机会一去不再来。但谨记的是曾经爱坏的教训，别再在这个知己身上重复旧错。

接受新爱是自我增值的机遇，为了爱，好好替自己重新装修，换上新血脉，向旧错说再见，让自己变得更可爱，值得被爱。

让感情自然去留，平衡理性与感性、退缩与勇气，都是成熟的恋爱条件。要得到爱情，勇敢一点是必要条件，敢爱敢恨，能放能收，保持自信，注意别执著，还有什么理由要放过缘分呢？

以偷情方式相爱

一对恋人年轻时不敢相爱，在友情和爱情之间徘徊了很久，结果冷静期太久，激情也冰凉了，最后无疾而终。不过在分开前的几个月，他们有了亲密性关系，只是无法进一步发展，具体地说，应该是大家都不敢进一步发展，害怕最终要分手，输不起。

几年后，大家各自有了伴侣，但无法再尝到以前那种能交心、能激情的感觉。平平淡淡，食之无味，弃之可惜，还在一起，只是因为怕寂寞、怕枕边无伴侣。

戏剧性情节出现了，他俩多年后再碰上，擦出了情欲火花，没料到的情欲关系便开展了。偷情的当下非常刺激，离床以后却内疚和无奈，大家都知道没将来，也不敢确认彼此早应建立的感情。错过了时缘和情缘，踏在浮云上看风景，总有失重下坠，各散东西的一天。

恋爱要承担，偷情却好像轻松得多，不过现实是这种计时关系，到底真正有多享受？

这是想爱不敢爱，太了解自己输不起又放不下的矛盾，怕经历不起真爱，怕最终会抛弃的结果。以偷情的方式相爱，不用承受分开后还在思念暧昧旧情的挣扎和痛苦，确实是很完美也很凄凉。

偷情最诱人的地方是那些充满诱惑的暗示、超越常轨的激情、打破沉闷定局的刺激、永远没了期的期待和绮梦……更重要的是，得不到的永远最完美。偷情也许是最完美的男女关系，但前提是不要幻想美满的结局。

和旧情人再续前缘，可能比偷情更诱惑，勾起你青春期某种无法弥补的失落，也提醒你已老了，想抓回失落的青春，编织得不到永远美丽完美的感情假衣裳。其实你和他都很清楚，难忘旧情只是借口，没成长才是主要原因。又不是小孩子，要对自己的欲望和行为负责任，贪恋养活不了不安分的自我。

缅怀旧情是一股劲的心瘾而已，跟性欲一样，只是刹那的脑神经生理反应，快来也快去，期待比过程更享受。但你很清楚，如果能从容相爱的话，早已义无反顾地相爱了。

爱，需要很大的勇气。

只想要情欲关系，不想承担彼此的生活和生命，表面是害怕最终要分手，不想失去最爱的朋友，但面对目前的所谓伴侣，又能分裂地和他上床吃饭，假装承担彼此的生命吗？不能尽心爱好一个人，便只能马虎应付两个人，或者更多擦身而过的路人，爱将永远没有着落。

从变数中增进爱

男朋友R已近四十，和很多女人拍拖过，他认为每个女人都有她们的优点和缺点，自称见尽女人百态。到今天，他还是没法和女人相处得好，找到能一起终老的伴侣。他不是花心汉，一直想安顿下来，结婚生子，只是还没遇上可以终身相伴的女人。

试过和一个女人差点结婚了，最后发现她还没有对前任男友忘情，暗暗和他来往，觉得她口是心非，存心欺骗，最后伤心分手。

也有女朋友真心爱他，可他却嫌人家头脑太简单，光有美貌却无法沟通，还有立志想做少奶奶，只喜欢他的钱，还有感情复杂、情绪病态的女人，爱到要生要死，差点把他弄到发疯，自此他对病态的可怜女人敬而远之，怕了她们的负面能量。还有几个妒忌心占有欲特别重的，每天查看他的电邮和短信，管得很厉害。也有大话精，一会儿说母亲病了要钱，一会儿说要出差，其实是跟其他男人秘密偷情，感觉太恐怖。还有网上结识的情缘，两地恋很难维系，但谁都无法放弃已建立的一切。

他还在等待独立、温柔、不管束他的女人，还相信总有适合他的完美女人会出现。但却越来越失望，对我说："女人的缺点太多，还不能完全包容我。"

这是他的问题还是女人的问题呢？

找不到伴侣跟对方的缺点无关，不要性别异化。

每个性别都有他的优点和缺点，但这不应阻碍他和异性相处，建立感情关系。能不能遇上美好的姻缘，很大程度上取决于我们是否愿意相信爱情，是否愿意付出，是否有信心让关系提升和进步。

很多人容易拍拖，也容易分手，最终没有遇到合适的人选，很快看到对方的缺点，受不了便却步，还抱怨伴侣的素质越来越差。

我只能说，总有适合自己的爱侣，问题是对方出现时你有没有把握，是不是只看到负面，不想共同改善和进步，错过了姻缘。

人有不同的性格和类型，我们可以选择性格和观点相近的伴侣，走在一起后靠双方的智慧一起进步，接受自己和对方的变量，才有将来，从变量中看清楚这段关系，而不是针对负面的地方。

人会变，也没有完美的人，所以关系要每天更新，每天进步，不然，人的惰性会令感情停滞不前，一旦发生变化便碰到棱角，产生摩擦和不顺眼的情况，关系便难维持下去。

到底有没有完美的伴侣呢？答案应该反问自己，能不能让自己同步变得接近完美，不然，即使天使出现了，魔鬼的眼睛还是看不到美善。

女人·问心

爱是自毁的工具

大部分女人的感情问题，不外乎死执、痛苦、放不下。

执著的人，往往不自觉地陷入自我保护的狂态，即使表面愿意寻求帮助，可在潜意识里，却只想借行动证实没有人能帮到自己，自制继续沉溺和自虐的理由。做可怜不治的病女人，好叫人永远怜惜她，不忍心放弃，那么便不会孤独。

弱者的心态其实比强者更坚强，对自己脆弱的角色毫不质疑。你就没见过一个弱者会质疑自己其实是个强壮健康的人，病只是一时的误会。反而，再强的人总有意志动摇的时候，偶尔也会变得消沉，被打倒。

信念决定命运，这就是为何弱者最难医，自命痛苦的人那么难翻身的原因。

爱真的只有痛苦吗？

一个很搞笑的现象是这样的：我们似乎都不希望自己遇上悲剧的、韩剧式的惨爱。可是，就有这样的真实个案：一个女读者问我，她和丈夫过得很快乐，彼此相爱，互相尊重，很难得，每个人都羡慕她的幸福。可是，她在听她的女朋友苦诉感情不幸时，总觉得自己有点怪：为什么每个女人都爱得那么苦，几经挫折才能得到爱，或者最终失去爱，唯独自己爱得那么平凡、那么顺？她说看到女朋友心碎的眼泪，反观自己竟没有为爱死去活来地哭过、伤心过，没有为爱想过死。她不禁质疑：是不是我还没有真正爱过？是不是真命天子其实还没有出现？心情像过山车下滑那样，自制离心和恐慌，马上被熏染到女朋友的负面情绪，闷闷不乐地回家。看到丈夫的笑容，开始感到若有所失，于是问我她的婚姻是否有问题。

不要取笑她，其实我们或多或少都身在福中不知福，没事找事烦，错觉爱情应该很痛苦，平静的爱反而有缺失。这是什么逻辑？是惨情流行病毒的超级集体传染力，令我们无病呻吟，暗暗期待苦恋的洗礼吗？还未跌到粉身碎骨不算爱过的一种“泛惨情”信仰，令女人爱上韩剧、爱上情歌、爱上过早响起“爱人将死或越轨我怎么办”的危机预警信号，变成爱必须轰烈、惨烈的邪教信徒，等候爱情死神的最后审判……

天啊，女人到底吃错了什么？真的很绝望。

当爱情成为自毁的工具和借口，一切将变得丑陋和荒谬。

爱人为何离开你

爱人离开你，原因有很多。除了对方的问题外，关于自己的责任，大多有两个原因：一是自大，二是自卑。

不少容易发脾气的女生，借男友发泄情绪，兼以为可测试对方是否爱到可包庇她的野蛮，结果却多半是让自大害死了爱情。

男友不是狗，不会永远盲目无脑地守护你，待他要离开，你才发狂想挽回，说一万次会改，请你不要走，有用吗？改善自己的动机若不是为自己，而是为挽回感情关系的话，那便是假的，你的身体和心理也不会配合你，你也不会成功改好，不会变可爱。

其实你不过是想改变别人迁就你的野蛮。别怪男人在美色前是没进化的野兽，女人在男人面前刁难，甚至比野兽更没分寸、没理由，非常可怕。

希望被人爱，首先不要问为何别人做得不够，不爱你，而是先要问自己到底有什么值得被爱？将心比心，换上是你，你会爱一个乱发脾气、自我中心、不管别人感受的男人吗？为什么要爱一个讨厌的自私鬼，不去选择一个有内涵、有人性美、能管好情绪、为女人付出的男人呢？爱情到底是为个人发泄，还是让彼此都享受？

那到底怎样才算值得被爱呢？

关键不是你已拥有什么可爱的条件，而是，你到底有没有首先喜欢过自己，爱过自己。没有的话，这可能导致第二个让人离开你的原因：自卑。

有的女人老是觉得自己不够好，别人迟早会不喜欢自己。其实自卑并非天生，只是逃避多走一步的借口，怕累，怕失败，怕不被认同，不够勇敢。先否定自己，只想改造自己迎合别人才是注定的失败。记住，不要第一个嫌弃自己，离开你的不是别人，而是你自己。

没有人欠你什么，你只欠自己自爱的机会，让自己变得可爱一点。

世上没有理所当然的爱情。爱是很具体的生理和心理需要，感觉舒服是关键的动力，让爱持续下去，别做些蠢事破坏这份舒服的感觉。吵骂、强求、迁就、埋怨、依赖、收藏、盲目崇拜、过分幻想、自欺欺人、折磨伤害……都是制造不舒服状态的元凶，破坏感情关系。

爱的重点不是要求和依赖别人对自己好，而是先让自己值得别人为你付出，爱你，爱得舒服自在。不用为别人改好自己，为自己改好已经很足够，这样效果才带有正面感染力。不用多做什么，自添压力，身边的人自然能受惠，这样才是成熟的爱恋心态。本着这种心态投入爱情的人，才有成果。

命越算 越乱

女人喜欢问卜，问恋情会怎样，婚姻能不能长久之类。男人嘛，则喜欢研究术数，以理性结合玄术，运筹帷幄，预知股金走势和权势的大限。

其实男女都可以很迷信，不论强者还是弱者。**人，总是软弱或者不知足，总想得到比需要的更多。**

女人爱怨“命”，男人爱计“数”，加起来就是“命数”。命和数本来就是雌雄同体，从来没有绝对性，只有最大的机率。在数学和玄学的立场，命数是有自然律则的神秘学，无法给你一个百分百绝对。

从来没有命定的不幸，只有死不放手的执著。这是我看的命运。

太多女人信命怨命，求神问卜求心安。可越问越不安，这点不是我说的，是你的心悄悄告诉你的。卜，是留给心已安定，寻求再进一步自我提升的人查问的，讽刺的是，大部分人刚好相反，心最乱时去问卜，乱上加乱。最经典的例子是：你连今世也不敢面对，居然去问前世，得知“真相”后更承担不起前世的孽。天啊，你哪有那么多气力背负世世代代的担子？是前世的不幸还是今世自作的业？

心是平静和爱的能量轮位，当情绪被打乱，心是首先反应的器官。了解心，爱护心，你便能保存自己的能量，这是女人关爱自己的重点。

女人容易付出得累，爱到失去自己，心力交瘁，流失能量。有的女人乱性，狂找不同的风水命理塔罗大师命算算算，钱花花花，还是无法处变不惊，安枕无忧，不知稳定情绪以至掌握运程的第一步是安心，先安心才能知命，立命，然后达命。

大部分的命运是情绪缔造的结果，没有神秘，犯不着迷信。

命越算越乱，心越乱越慌，待你慌到失去重心时，给你再好的机遇，你也无法掌握，白白错过。

不是凡事都需要被预知和了解才能过去的，人生最重要的价值，都不能以先知的形式被掌握，爱情如是，幸福如是，必须亲身经历，领悟道理。不能理解和控制的，自有其存在的目的和意义。关键在于我们如何自处，平衡，随缘，达命。

其实大部分的不幸都跟命运无关。命运是最大的舵手，信不信由你，正是我们固执的自我。性格决定命运，意向改变一生。

命运是我们潜意识运行的轨迹，顺应我们发出的情绪信号运行。信号是负面的，它便给你更多负面的境遇；是正面的，便给你更多正面的能量。走运还是倒霉，关键就在此。

错不在过去

女人擅长活在回忆里。

L三十多岁，单身贵族，事业有成就，爱情交白卷。她把问题归咎于童年的不幸：曾被父母抛弃过，自小孤独不被理解，令她长大后对家庭心存恐惧，对爱更是不敢开放，曾被旧爱背叛过，从此怀疑男人，怕承担不起伤痛和被背叛。

“恋爱是最大的赌局，输比赢多，玩不过。”

女人喜欢怨男友爱她不够，老公不如人家的好，儿女无法达到她们的要求，或者人际关系一团糟，自卑、内向、常常哭，把问题归咎命生得不好，童年经历多灾难，儿时被忽略、受过苦，现在还活在阴影里，像命运魔神永恒的诅咒。

曾经受过伤害或被离弃过，传统的心理分析都认为会造成性格和心理上的负面影响。可这个结论是负面的，我不鼓励大家信奉。

过去是经验的累积，影响有正负两面。你选择负面看过去，你就被过去活埋，自制绝望。你选择向前看，效果便很鼓舞人：正因为曾被伤害过，所以变得更仁爱自爱，希望散发多一点爱和关怀。过去不快乐，更要关爱现在，活好每一天。

凡事总有好丑两面，关键在于你选择以什么心态面对。

若儿时常看到家人吵架，长大后你会变成容易发难、爱争吵，还是更珍惜和平亲爱关系呢？

我选择了后者。

借过去怨现在，反映的不是宿命，而是你自选的失败，你这样做人丝毫没有进步。

回忆的功能，是让我们看到过去的限制，激发突破的意志，提高受伤的免疫力，追求现在和将来更大的幸福。

生命不会无中生有，你和家人、恋人的相遇，总有互动的缘机。养育一条生命不容易，当过母亲的话你会更明白这点。能长大已是福，没有人欠过你什么。做人的责任，是感谢抚育过自己的人，超越过去，走向进步，活得比上一代好，而不是否定家，否定自己。

每个生命都是奇迹，每段经历都是缘分。有人说，不要忽视身边出现的每一个人，他们大有可能是你前世的亲人或情人。这样算来，人生在世又多一重意思了。

我们没有承担前世的需要，但有活好今生的责任。跟身边的人相处是修行自己的缘分，他们的出现和功能，就像恋爱的意义一样，是为反映你的缺点，提醒你改善自己，学习放开胸襟。

当你懂得自爱，当你活在当下，过去就只是“过去”两个字。

明白现在活坏不是过去的错，你才有机会成为幸福女人。

犯不着委屈自己

我有几个女客人，她们的丈夫离家出走了，搬到另一个女人的家。

他们贪新忘旧，决绝离家时那副狼般狠的德性，和“算到最后还是你的错”那种反骂她们的语气，到现在还历历在目。丈夫刚离家的几个月，是她们最难过的日子。

好不容易重拾好心情，坚强地站起来，为了孩子，重整了财务，准备一个人生活了。不料他突然回来说，分手后，还是觉得你最好，或者，他偶尔回来，厚着脸皮说要尽所谓丈夫和父亲的责任，看孩子，吃吃饭，跟你睡一觉，平衡自己曾经的绝情。你被动摇了，开始幻想浪子终于回头，他还爱着你，他还不至于是个全不负责任的男人。

可是他只当这个家是旅馆，当你是可以上床的母亲，无论他做过什么，曾经有多伤害你，你还是会无条件照顾他，包容他的一切。

你能接受这样一个身份是你合法的丈夫，现实是个已离家出走，只顾满足自己的男人吗？你还会等他回来，送饭、送抱、送希望吗？你还会幻想他终有一天还是觉得你最好吗？你宁愿他这样偶尔回来占用你的性和爱，比跟他决绝离婚更容易做到吗？

很多女人在这个关口上，难于取舍，会说服自己，还保持关系是为了孩子好，其实是自己放不下的懦弱，总比一个人孤零零的好。有的女人甚至这样想：离开他又如何？找个新的不一定比旧的好，甚至可能更坏，天下男人都是风流淫虫，跟谁在一起结果都一样。

这分明是歪理。男人可能很多都贪性，但总有贪得有节制和懂得尊重伴侣的例子。**女人的悲剧不是因为男人都不好，而是甘心选择待你不好的男人，盲目为他厮守一生，无了期地等待浪子回头。这是慈母的迷信和软弱女人自甘堕落的假无知。**

其实你什么都知道，你只是不想面对现实，更新自己的生活而已。你死执一个已婚女人的名分，害怕返回单身女人的自由。

原来，自由才是最大的心理负担。

守住一个家，等他一个月两三次回来重组还是一家人的画面，他回来的日子，你像未婚妻子一样兴奋地准备讨好他的菜，为他穿得漂亮，到美容院除体毛做面膜，待他演完戏离去，门一关上你已泪流满面。这样的日子，你还要死守多久？

女人其实犯不着委屈自己。他有种的话不要回来讨饭讨温存。女人无须纵容男人的任性。他可以为个人享受出走，你也有权过舒服自在的生活，关键在于向委屈说不。

情欲失调不等同爱

有位新婚女读者告诉我，刚嫁了不到一个月，旧爱就向她表白后悔让她嫁人了。他等她离婚，和他在一起。

她的丈夫是个大好人，很爱她，条件很好，能给她最大的幸福，除了一点外：她并不是很爱他，她爱的是前任男友，那个从来不肯说爱她，只懂向她呼喝的大男人。她心野了，却内疚不安，无法向完美的丈夫开口说要走。

女人的心理很矛盾，令自己舒服的不爱，偏偏爱着令你不安、委屈、难受的男人，以为爱应该是这样的，充满崎岖和波折，爱应该是很难得到的，才最值得珍惜和争取，爱应该是教你朝思暮想，放不下吃不下，什么也无法做的激情。这样的**女人其实是不是爱上自虐多一点？**

爱上不该爱，越难得到手越想爱，才是情欲关系中最吸引人的地方。对，我是说情欲和关系，不是说爱情，因为我想让你搞清楚：**大部分所谓爱情，只是情欲失调和死执关系的结果，离爱还很遥远。**

爱是情理兼备的成熟行动，不止为自己，也不能失去自己，除了追求快乐外，还有更多去体味，除了大家开心外，还有更高的人性提升层次。

爱情是人生的修养，修来不易。情欲横流却很易，易到我们以为随便一个眼神就是爱，身体靠近一点就是爱，性爱多点花式就是爱，一个“I love u”车牌就是爱，一只南非钻戒就是爱，一句我爱你就是真爱。

这些充其量只能算是调情，真的可以很儿戏，偏偏最让人牵肠挂肚，醉生梦死，最后失去自己，掉进忘形欲海，溺毙理性与智慧，枉你念过那么多书，做过那么多年人。这就是情欲的魔力。

别让自己跌进“两个选一个”的爱情抉择中，以为要在真爱和责任之间选择，其实真正的矛盾并不在此。真正的难题是：你不想做罪人，你害怕作了错误的决定，其实你心里很清楚：你所爱的并不是最好的，你却摆脱不了贪欲和任性的诱惑。

选择是人因为无法得到绝对自由，明知不能无限地任性的折中方案，情愿也好，不愿也好，你都无法贪得所有，让你满足没遗憾。**爱是假的，当你还需要作选择的时候。**

成熟的人，是对自己的选择和情感反应负责任，顾及后果，承担后果，明白人不单是为自己而活，也要顾己及人，对别人负责任。这样才有条件去爱。

先了解自己的限制，才有能力作选择，确定幸福的方位。

滥养宠物的爱情

朋友养了两只猫。我感到很奇怪，因为他一向不甚喜欢动物，虽然也不怎么抗拒。后来才知道，原来两只猫都是他的妹妹两次失恋残留的孽障。

第一只小波斯猫，是她的初恋送给她的情人节礼物，爱情得意时，她整天阿女阿女地叫猫吻猫猫。一年后两人分手，男友换了新女友和新猫，妹妹痛心绝望，居然泄愤虐待猫，他见猫蛮可怜便收养它。妹妹没有得到教训，半年后又要新男友买苏格兰折耳猫作定情信物，再次母性大发，发誓会爱猫如命，结果四个月后，发现男友瞒着她在网上和女生调情，一怒之下把猫踢至伤痕累累，他又再次不忍心把猫抱走。他和妹妹原本感情很好，但也忍不住警告她，再养动物便和她断绝关系，然后把她转介给我，接受情伤治疗。

两只猫现在虽然找到了安全居所和好主人，可是因为曾经被虐待，变得神经质，像创伤后遗症病人一样，容易杯弓蛇影，惊恐不安。

情绪负面的人，连动物也深受负面影响，更莫说身边的人。

爱和恨，善和恶，从来一线之差。

女人喜欢养小动物或孩子，靠新生命助燃爱的火花，幻想是两个人浪漫的爱情结晶，妄想添了新生命的关系，可保证对方不能轻易放弃或变心。可惜计算错误，原来大家都无法承担爱，更承担不起小生命。这是天大的罪行。说罪行，是因为乱养生命是极其不负责任的自私行为，没有考虑到小生命的生存权、感受和尊严。

女人害怕寂寞孤独，尤其喜欢利用小生命，安抚自己对感情缺乏安全感的心。于是，养猫替她捉老鼠，养狗驯服它，当是模拟男朋友，要它奉承自己和听话，养兔尽情享受任她摆布，因为它没有做声反抗的能力。更恐怖的是，生个宝宝满足自己拥有“属于”自己血脉的财产，用来控制男人的感情和身家，以为生了宝宝，他要跟你分手便得付出很大的代价。把小生命当做达成欲望的工具，功利大于爱。这样的女人，不可能爱惜生命，也不懂得什么是爱。

遗憾的是，虐待宠物和孩子的野蛮女人，自己心里不好过，也不会让伴侣和其他生命好过。

在精神和情感生活破产的时代，喜欢宠物的女人，早已不再是心地善良的象征。看情侣分手后被遗弃的宠物数字便让人感到心寒。

对生命负责任的人才有资格去爱。可惜世上太多随便糟蹋生命，因爱生养，因恨行凶的暴行父母。

父母太多，孤儿也太多，这是现代社会的悲哀。

女人的压迫感

她的孩子十岁了。认识她时她是个情绪波动的女人，总会在我的讲座中激动地发言，甚至声泪俱下。那时的她患有情绪病，自我管理能力低，对自己和别人的期望很高，内在充满矛盾和郁结，容易感慨自己是个受害者。

她学历不高，很努力地看书进修，吸纳新知识，弥补学历的不足，可是因为情绪问题，无法集中做好一件事，所以没有找到固定的工作，待在家连最基本的家务也做不好，手脚不协调，一事无成情绪又失控。于是转而要求家人，希望丈夫收入稳定一点，爱她多一点，孩子多听话一点……总有很多很多意见要发表，有很多不满，容易发牢骚，当别人无法满足她时，便又是一轮情绪骚动。

人最大的问题，是看到自己的不足心生自卑，同时看到别人的不足，借强迫别人大跃进，弥补自己没进步的心虚。结果急上加急，贪上加贪，躁上加躁，好像要把全世界迫死。

她看到丈夫和孩子这样不对那样不是，变得挑剔不讲理，乱发脾气惹人怕。这样的日子一直维持了很多年，恶性循环更影响情绪病，也影响了生理健康，引发不少妇科病。

压迫自己，压迫别人，像她一样的女人多得是，教大家不好过，令家人怕回家。丈夫晚回家，又怨丈夫不陪她，感受不到被关爱。**女人的寂寞，大多是自己冷落了自己，借亲人发泄不平衡心理，不幸地靠压迫表达残疾的爱。**压迫令全家都受罪，伤害你最爱及最爱你的人。

幸好她看到问题，肯接受心性洗礼，明白必须先站稳自己，才能感染别人多走一步。于是决心改善自己，从定心练习开始，把一切放慢，不再急躁，不再强求。心胸打开了，眼界大不同，她竟发现原来自己已拥有幸福家庭，虽非大富大贵，但丈夫顾家爱她，孩子听她宠她，夫复何求？她发现原来自己曾给家人和朋友很大的压迫感，定心让自己终于有能力看清自己多年的毛病。知足比一直服用的精神药物更有效调校情绪和心胸。不消几个月，她的脸上容光焕发，情绪稳定，令亲友赞叹称奇。

感情、亲情关系最大的障碍，不是大是大非大道德，而是各自的盲点，为了维护自己和面子破坏感情。封闭的心只能看到充满缺失的世界，要求别人改变来迁就自己的霸道。

先改变自己，才要求别人。一切将变得和谐可亲。

怨妇的反面价值

A是位年轻读者，童年时曾被父亲抛弃，经常被别人否定，这令她活得很疲惫，性格也变得容易发怒，令身边的朋友更远离她、讨厌她。

后来她庆幸看破了，懂得自爱比一切都重要，于是积极面对现在，不再记挂过往的不快，纵使偶尔也会遇上不快事，但很快便会恢复过来，偶尔面对同事的无理指责，也能平静地解决，不再为人家的话而生气。当心安定了，事业和感情亦有了新转机，不少男生对她表示好感。她更深信，幸运的确只会降临在自信的人身上。

反观她的母亲，虽然是个非常能干的女人，靠双手创造千万家财，能独力供养三个女儿到外国念书，让她们住千万豪宅，可是她却生活得不快乐，常向朋友说自己的悲惨经历：被丈夫离弃，害她患上不治之症，饱历痛苦。她赢得别人的怜悯目光，却输掉平静和快乐。

A原以为母亲真的很不幸，可是人成熟了，心眼打开了，才发现母亲的人生其实并无伤痕，她只是不断翻新伤口。本来懦弱、躁狂兼暴力的丈夫离开自己和女儿是好事，她却看成是人生大惨事。

像她一样的怨妇，可比天上繁星还要多，痛苦对她们而言拥有非常强大的吸引力。开心的事全不放在心上，却将不快乐无限放大，试图令别人认同自己的痛苦。A尝试把她看到的告诉母亲，可是母亲没有面对现实的勇气。

明明幸福就在眼前，为什么还要怨天尤人自制痛苦呢？A问：“是不是香港的繁荣孕育了心理不健康的人呢？钱有了，却赔了快乐，输了健康。龚如心是另一个活生生的例子。这样的人生，值得吗？”

有读者在我的博客上问我，假如要治疗这类人，应该怎样医呢？老实说，临床经验告诉我，她们大多数非常拒抗治疗，因为沉溺病态的好处是，能让自己永远受到怜悯和爱护，这样她们将不怕孤独。是曾经的独立和坚强，让她们饱受独力奋斗的孤独，觉得即使得到金钱也得不偿失。可以选择的话，她们会选择埋怨，诉苦，扮演受害者角色，活在备受同情的目光中自我安慰。这种人极难治疗，不是没有治疗的方法，而是她们根本不想被治好，以为健康起来即会堕进不被同情的厄运中。

怨妇还有存在价值吗？有的，她们是人办，看到她们没出路的生命，要以此为鉴，不要活得像她们一样负面和消极，浪费生命，也浪费别人对我们的关爱。

写日记的陷阱

很多女人喜欢写日记。

你可能以为写日记只是把发生过的事记下，为怕忘记，为日后重温做记录。其实写日记有很多动机。

有人借日记记下舍不得忘怀的感觉，有人借日记训练恒心和耐性，也有人借自言自语的方式排解寂寞，甚至再造记忆，修饰历史。

你可能没有意识到，日记原来是重组情绪多于如实地记录事件的，创作性很高，会把未满足的欲望完成。

像你可能会把某人的出现，写成是真命天子呼唤你的爱一样，醉生梦死，编织浪漫情史，其实只是你一相情愿，自制假情爱秘密的尝试罢了。

还有一种写日记的动机，是把压抑的心理释放出来，通过文字发泄不敢说出口，或不敢妄想下去的秘密。**功效像排毒或打小人一样。**写完了，出了气，才可安心睡。

日记，已成为你平衡心理的私密平台。

细读自己的日记，你可能发现，大部分内容都是负面想法占多，很少记载快乐事。有位客人天生性格悲观，写了十多年日记，每天最期待、最享受的时间，便是下班回家，夜阑人静时，取出日记本，带着自怜、痛苦、寂寞、被人遗弃的孤独心情，带泪带痛地默默血书。某月某日，明明是天晴，她会写成是天阴，仔细记录当天遇上的不快事，某人怎样伤害她，对她不礼貌，遇到不幸的际遇，听到不想听的话。用上大堆负面形容词和反问老天的控诉。

然而，写日记的高潮不在内容，而在写完后替当天画上一个情绪评级的符号，譬如开心的在日期旁边画上√，不喜不悲的画上○，痛苦的画上×。发现连续一星期都是×的话，便勾起更悲剧的心理，再为悲伤分等级，于是开始用×+，×++ 等划分痛苦的级别。如此下去，每个月总结一次，数快乐的日子，悲伤的日子。原来痛苦占了大多数，啊，顾影自怜，借着总结，更觉得活着很不幸。

年轻的时候，我也曾经像她一样，每天为情绪评级，看到×的日子占多，其实可能蛮有成就感，活得比别人悲痛也算是与众不同吧。心态负面的人，会选择记下最差劲的情绪，因为你宁愿自虐，把负面东西记住，确认自己是个受害者，被伤害的人，不幸的人。瞧，都记下来了，这就是历史，不会有错。

这分明是个陷阱。

写日记是一种自疗，也可以是沉溺，关键在于你写作和重温时的心态和潜藏目的。小心不能自拔地编写痛苦，掉进自制的陷阱里。

为爱画底线

有些女人觉得需要爱到失去自己，才算真正爱过。

曾经有位内地薄有知名度的电视女主播写信告诉我，她自觉自己太好强，太理性，觉得性格上总有哪里不妥当，也怕会吓跑男生，竟想到要找个男人让她爱到失去自己，依她的说法是“要体验一下爱到连自己也可以抛弃的糊涂滋味是怎样的”，因为她一生从未糊涂过。

天，像她这样一个受万人羡慕的知性女子，也会有这种潜藏的愚昧心态，该教人皱眉不理，还是好心点评呢？

结果她像吸毒一样恋上一个摄影师，还差点影响她的声誉，这已是大半年后的事了，再给我写信时才晓问：“素黑，女人到底为男人付出的底线是什么呢？糊涂地爱原来比清醒更孤独。”

那个他是标准的浪子，经常抛下她和别的女子鬼混，害她焦虑被抛弃兼被公然比较身材和样貌，好丢面，这让她差点染上惊恐症，常常发抖流汗，好辛苦。“大概这就是毒瘾发作的感觉吧。我怎么会把自己弄成这样子呢？”

爱上浪子很浪漫吧！**爱到失去自己，既不负责任也不浪漫，这种爱并不合格。**

人不怕无知，最怕没有觉知。

在女人的字典里，“付出”的别名原就是“牺牲”。**为付出画底线，最简单直接的就是拒绝牺牲。**这样的定案可能让某些女人更不安，因为牺牲不就是传统妇道的第一条吗？

说到牺牲，女朋友T最反感，她的母亲就是为了不负责任的父亲牺牲了一生，在女儿未够十三岁时忍受不住，回乡投河自尽了。为了向母亲生育之恩至敬，也为向母亲愚昧的牺牲至哀，她决定拥护三个坚持：一、坚持不借钱给男人，二、坚持先满足自己才满足男人，三、坚持和还未是情人的性伴划清楚不可触摸的性爱底线。啊对呀，底线的英文是bottom line ，bottom正是指屁股！

不能给还未定情的性伴摸屁股？这是什么道理？有点弄不

清的是，连上面的器官也接受被抚摸，那被摸屁股到底有什么能严重到会令自己牺牲的呢？

问她坚持三项底线快乐吗？她扬眉半秒，才下眉头，却上心头，喃喃低语："不快乐，计算太多令人好累。"

有底线爱得够累，没底线爱得更累，算来算去，到底是寻找底线画在哪儿的计算教人累，还是守在底线后面的自我压抑更累人呢？

量力而为吧，**爱到最后合情合理，问心无愧，大概比刻意画条底线更舒服。**

越想忘记 越难忘

F是我的客人，她无法挥去对已分手男友的纠缠记忆，问：“能告诉我如何忘记他吗？我很怀念跟他的肉体关系，虽然我知道跟他没将来。”

有人说男人分手后最挂念的是女人的身体，其实女人也一样。

女人总以为自己最需要的是爱，但她们更难忘男人压在自己身上的身体，那是性和身体的记忆，最刻骨铭心。

F无法忘掉他们曾经拥有过相当美满的性生活。她是第三者，爱上不该爱的已婚男，一个不负责任，贪恋女人身体的情色狂。她认识他时已知道他已婚，有孩子，而且还有不止一个秘密情人。可她偏偏无法自拔，她说：“他就是那种坏男人，很吸引女人的那种坏法。每个女人都妄想能成为他最后的女人。”

女人对性的记忆也许比男人的复杂，因为通常加入了感情，还有要命的情绪。

女人的心理结构很复杂，希望找个好男人，偏偏爱上的都是坏男人，嫌好男人不够坏，因为坏男人懂得制造女人贪求的浪漫和激情，令爱情变得更像浪漫小说或电影那样戏剧性的情节，满足女人活在电视、电影塑造的典型爱情情节和对白中。她们不甘平凡，过分沉迷幻想，不切实际，难怪好男人给她们的平凡爱恋关系，很难实现她们渴望得到偶像演过的刺激爱情。

这却不是男人的错。

人的脑袋是多么地不安分，又要努力制造记忆，又要费神忘记。F是找错了爱人，但却找对了治疗自己的人。错，是因为我从不教人忘记旧记忆，就像我从不替人决定离开还是留下，放弃还是继续一样。**真正彻底的治疗，从来不应该从忘记出发，而是把记忆转化。**

教人忘记是一些心理治疗师容易犯的毛病，也是一般受疗者最容易搞错的入口。

忘记，需要花额外的精力和意志处理旧记忆，变相制造更多亲密机会，和旧记忆打交道，自找麻烦。

转化，却是绕过旧记忆，另辟新生路，转移视线和目标，更容易淡化旧记忆，包容它，不再对着干。

关于感情伤口的记忆，尤其难忘记，甚至不会忘记，因为那是身体的记忆。拥抱、接吻、拉手、欢笑、痛哭、激情、感动、释放、疯狂、失常……这些都是刺激记忆细胞的元素，很难说忘记便忘记，说抛弃便抛弃。大家都知道，越是设法忘记某人某事，越是掀动情绪，反而越记得清楚，所以休想忘记。

何必偏偏要忘记？**与其花精力忘记，不如放眼现在和未来，重建正面的新记忆。**

别为感情定限期

读者K苦等一个不知是否选择爱她的男人。她说："再过两天，就是我自己承诺等他的最后期限了，虽然这个承诺只是我一相情愿的想法，但我还是一直坚持着等，要给自己一个交代，之后我想应该头也不回地向前走了。他要在两个女人中选一个，说要选也说了一年多，我感到很累。这两天，特别是夜里有些控制不住自己，想给他打电话，想起我们的过去，忍不住还是哭了，但我明白一定要坚持，再过四十八小时便好了。他即使决定不爱我，我还是要爱自己。

要自爱，其实不用等四十八小时。

若K能真正做到坚守自己的承诺也不坏，可问题是，她真有承受结果的能力和勇气吗？这是一个刑期，替自己判刑，罪与罚的折磨。还能有更好的方法吗？

为等待爱情的结果，为自己承诺一个限期，这其实也很讽刺。能放下的，根本不需要定限期，不能放下的，再定几个限期也只是一个拖字，你还未准备好放手，限期只是给自己找借口的漂亮工具而已，借表面果断立死线的决心，遮掩内心最大的犹豫。

定下限期，意味着你需要守候的毅力和处理过期后的心情，这可不容易。

食物过期你可以丢掉，因为你知道吃过期食物可能生病；证件过期你知道应尽快更换，不然可能要负法律责任，或者阻碍你的日常运作，尤其是旅游证件，过期不换便无法出走逍遥。

可是过期的感情，你却不容易随心所欲处理掉，总有翻来覆去的旧伤口、旧记忆、思绪在打转，干扰你的生活，让你不好过。

定限期最磨人的，不是限期届满的宿命，而是限期未满前的心理折腾，求生不得，死又未到期的难耐。

分明是自制的陷阱。

限期只是一个数字，纠缠的感情并不会因为一个数字而消失。

限期到了，对方没动静，你又不甘心，原来从头到尾只是你一个人自编自导的游戏，你到底累不累？

再定一个新限期，替限期找借口，重新策动再开始，再给他机会，再等再伤心。你恋上没完没了的关系，限期早已不再有意义了，因为你心里没有底，你只想一直等下去，自欺欺人，换来永远等待的痛苦，同样也是快感。

人需要限期，其实不外是另一种拖延面对现实的手段。无法当机立断，只能苦等。这是感情关系的无期徒刑，我们都是感情的囚奴。

还要等到何时呢？马上释放自己吧。

是母爱 还是爱情

有很多女人，都因为母性的关怀和爱，希望爱一个不快乐的男人。

最经典不过的例子是：女人爱上有妇之夫，男人说妻子对他凶，他们之间没感情，她不肯和他上床，已经多年没有性爱之类。男人说很需要女人的关怀，但不能离婚跟她一起，因为要对孩子和妻子负责任等。句句感动的话，令女人觉得自己是世上最能给他爱的人，所以甘愿为他牺牲自己的名分，做他的地下情人。

以为可以这样过一世，爱情至上。身边的人都说这个男人不是好东西，只想占便宜，女人却无法离开他，因为深信世上只有她才能安慰这个缺乏爱的可怜人。

故事这样发展下去，也许大家都能猜到后果：女人受不住了，却无法放下，难以离场，心里认定这是天意要她背负的苦命。

但女人口里却说，这是无价的真爱。

女人滥情的病态，其中一个原因正是滥发母爱。

总有善于吸蚀女人能量的男人，扮演受害者、多情却得不到真爱的角色，让女人怜悯、同情、大发母性，把感情投进去，罔顾理智。女人已分不清这种感情投入，到底是爱还是怜悯。即使最后男人要离开，她还是守候着，随时为他投放更大的爱，幻想自己理应是他最后的女人，甚至是最爱的女人。

现实一点吧。

面对一个男人，女人有时真搞不清楚心里澎湃的感情，到底是爱情还是母爱。两者的差别在哪里？

爱情是对等互动的感情交流，能令彼此成长；母爱是无私的奉献，却容易一相情愿。母爱原本是伟大的，可是发生在男女之爱上的母爱便是祸，因为女人误当男人是她的儿子，需要她的照顾，从而肯定自己的价值，可所得的慈母快感很快会消失，说到底对方不是你的儿子，无法被你“包”起来爱。结果过了火，伤了自己，失恋兼迷失身份。你在这段关系中，原来既不是情人也不是母亲，那你到底是谁？

当你对男人的母爱大过爱情时，你只想到付出、照顾和死守，害怕发展和进步，因为母亲的潜意识都不希望儿子长大成人，离开自己。瞧，你的爱原来充满私心和无助，活在担心和得不到肯定的名分缺失中，彻底失去你自己。

为别人而活不是爱情，虽然人不能只为自己而活。怕他过得不幸福，不应是滥发母爱的理由。

看清楚自己的角色，爱情需要的不是母亲，而是成长。

别被时间赶着走

C告诉我，她快三十岁了，只拍过一次拖，而且只维持了极短时间，说是因为男方和她上床后，“突然”被旧女友的妈妈追债，迫使他和C分手，因为他欠她女儿的钱。

这个借口当然很好笑，之后C便一直没再拍拖。人缘不广，性格被动，内向沉郁，哪里还会有姻缘机会？三十关口前她在想，自己的人生为何这样失败？有人不断被人追，有人很快找到幸福婚姻，自己却一无所有。想结婚，却找不到男人。

想结婚是个奇怪的想法。

结婚是全世界女人都应该经历的仪式，抑或只不过是人有我有，怕被世俗眼光边缘化不好受而参与的活动？

谁都清楚地知道，能结婚的都不代表已得到幸福。婚姻问题，离婚问题，几乎是每个家庭或多或少的困局，但总有未婚女人觉得，即使最后要离婚，人这一生还是必须嫁一次才能圆心愿的。到底这心愿从哪里来？不过是童话和爱情商品制造的梦，像消费心态一样，买了再算，不合用，放在家里，好过无。

这大概才是婚姻的实相：买个安心，得到后更多担心。

三十岁还没结婚不是“问题”，只是缘分未到。婚姻不是必然的，也没有限期。人追求婚姻，除情感和心理上希望有依靠外，还有被时间追赶的因素。人所以活得累，不如意，正是因为被无形的时间表追赶，迷信每个年岁要有代表的作为，不然就是失败的人生。

别自制压力，**我们没有必要跟着时间走，只须跟着心态和能力走，随缘，尽力，达命，问心无愧，其他的，交给天。**

没有人应该限定自己什么时候做什么，缘分要有情缘和时缘，时缘未到，再努力也是徒然的，尤其是要跟另一个人建立亲密关系，交换爱。

让自己活得健康和轻松更重要，别和他人比较幸福。还健在，还有工作能力，还有善良的心，还有亲人和朋友，已经是很大的福分。总有比自己表面更风光的人，同样也有比自己更不如意、更不幸的人。快到三十的女人，要关心的不是能不能嫁“出”，而是有没有正面心态地进“入”。内心不够强壮不够定，自会动摇自信，自信被动摇，自然害怕孤单，想抓住不当关系，短暂麻醉当幸福。

超越负面的想法和情绪，才是女人要争取的幸福，也是人生最大的成就之一。发掘自己的兴趣，让自己变得有趣起来，自信和吸引力自然倍增，还须怕什么?

你其实只想嫁给婚姻

婚姻对女人来说到底意味什么呢？

遇到过不少三十多岁的单身女人的个案，一心希望争取所剩无几的“青春”，誓要擒拿一段婚姻，只要男人的条件不太差，不管有没有爱情，有没有感觉，还是想了结心愿结婚生子，好歹也能向自己和亲友交代，做个“总算结过婚”的“完整”女人。

很多读者甚至写信给我，为了迟迟未婚问题，否定自己的存在价值，觉得女人没有经历过被求婚很丢脸，怕被指是问题女人，不祥女人。

还有经历过婚姻失败，好不容易翻身重获自由的女人，却没有从旧关系中得到教训，又马上心痒痒，跟岁月竞赛，要在还不致太老前，赶快再跳进另一段婚姻里，为结而结，根本不计较感情和条件，失去方向，明知对象不理想也盲目再婚，结果越来越不安，被年月追赶到透不过气来，逆来顺受，暗自怨天。

女人结婚，希望有个幸福的家，但怎样才算一个幸福的家呢？家庭成员若怀着负面情绪和心态挤在一起，不可能建立幸福。这样的婚姻关系，只会自伤伤人，没有任何人获益。想依赖一个男人给你心理保障或所谓的安全感，是最危险的信托。

其实你只想嫁给婚姻，甚至不是男人或爱人。

女人到底是迷信婚姻，还是需要婚姻呢？迷信婚姻令女人失去自己，越活越衰老，失去一切养活美丽的营养。需要婚姻令女人越活越年轻，为自己美丽，为爱情努力。**婚姻可以是女人的成就，在乎你是否懂得选择对象，管理感情、爱情和事业，独立地依赖，相爱也自爱。**

感情是培育幸福婚姻的关键基础，必须不断培养，不断更新，互动成长，这样的婚姻，才教人羡慕和嘉许，其他的，只是委曲求存的婚姻奴隶而已，得到一张纸，失去你一生。

婚姻是感性的开垦和理性的投资，不能怀着人买你买，怕吃亏的小股民跟风心态，结果变成大输家，怪得了谁？

自爱的女人会学习安排、计划和管理婚姻，但不强求。为了得到别人的认同而去结婚生子的话，是你的选择，不过后果自负，尤其是要向下一代负责任。

人只能活一世，别被岁月出卖自己，或许在五十岁时，遇到值得去爱的人，到时结婚也不迟。一个女人是否幸福，并不取决于年龄和婚姻状况，而在是否心静轻松，关爱自己。

你其实可以先和自己“结婚”，向自己承诺爱和信任，不离不弃，努力向上，这样的试婚，很好。

别再惩罚自己

女朋友P刚和恋人分开了。

曾经用最真挚的心，天真地以为单有爱就可以改变一切，驯服一切，即使世上最强悍的阻力，也敌不过爱的力量。爱是女人最强的愿力，人生最大的目标，以为单有爱便足够完美。

爱的本质可以纯粹优美、强壮，但人的本质却同时兼容强弱，能量时高时低，变量起伏，连自己也有无法自控的时候。

情绪、欲望、观念、精神……因外在因素影响而不受控地飞扬，这时，谁都无法决定命运，本来能靠意愿掌握的，竟会轻易溜走。意愿的强和信念的脆弱在交战。最后，谁是赢方已经不重要了，因为在还没有定下胜负前，能量已被磨损得疲惫不堪。

很多爱情不是毁在变质的爱上，而是输给了精力。被磨得筋疲力尽时，心是很想再努力的，可心态已无法支撑下去了，疲累让关系不得已告一段落。

爱再强，也敌不过无力去爱的现实。

一声累了，够了，要停下来好好休息，就这样，感情和关系也划上句号。

很可悲啊，可这正是爱情的实相。

但我们其实很少真正休息，失恋后不是心里不甘，设法扭转局势，便是有意无意地惩罚自己，或者折磨别人。

爱的力量反过来便是恨，负面的破坏。多少爱侣分手后活得行尸走肉，了无生趣，靠自虐或他虐来发泄内心的不平衡。因为不明白，所以想用激烈的方式增强感受，让爱不致悄悄地溜走。

我们都有轰轰烈烈地爱恨的潜藏倾向，不想静静地结束。觉得这样爱过更刻骨铭心，就用惩罚作个纪念吧。

结果，你变得暴食厌食，失踪不想见任何人，他酗酒兼经常骚扰找到新欢的旧爱，她试着找她不爱的那个他送上身体，你放弃工作，满脸胡须不吃不睡，要活活磨死自己……为向对方证实自己失去爱不如死。

放过自己和别人吧。

男朋友E经历了一段切心的感情创伤，以为一生不变、会相伴自己的爱人不在身边了。难过，绝痛，却还是要挺住活下去的。那天他在网上给我写了三句很有意思的自勉语：

一不要拿别人的错误惩罚自己，

二不要拿自己的错误惩罚别人，

三不要拿自己的错误惩罚自己。

其实错误在哪根本不重要，重要的是，面对不能回头的错爱或孽缘，我们最好是放下，不能放下也要先放好它，别乱放或暴力地结束爱。

爱是一个圆，它会返回来的，假如能量得到易转和提升。那就学习转化能量，从自爱开始。

并非宿命 无法自拔

R说她爱上了这样的男人：不务正业，不信任爱情，身边都是欢场中的女人。他对她说其实他想结婚，想成家，不喜欢那些欢场女人，觉得她们坏，想找个正经的女人，能够对他妈妈好，照顾他妈妈的女人。他说她很好，觉得他欠她太多，就是不能给她幸福和承诺。她却安慰他说：没有谁欠谁，大家都是平等的，一切也是她自愿的。

R对我说，她相信是她前世欠了他，或者做了些对不起他的事，所以今世遇到他后要还给他。身边的人也介绍过一些对象给她，但她都没有兴趣，始终觉得他是唯一能够吸引她的男人。

她说读我的文章，总觉得很羡慕我能经常保持理智的状态对待感情。她问我，面对爱，难道就没有感性的一次吗？没有为爱心痛过的经历吗？即使受伤了，也很快便会翻身没事？

爱的感觉可以很感性，但处理爱却需要更多条件。

我对她说她错了，我一直都是个很感性的人，甚至比一般人多出更多感性的细胞。不过我想指正的是，她现在陷入的不是如何面对自己感性地爱的问题，而是她看不清楚，原来自己在自我放纵或放逐。

很多女人找一个不应爱、不能爱的男人，用尽一切理由解释为何放不下他，譬如因为爱是奇妙的缘分，一生就只对他有感觉等这种玄妙的理由，证实爱是无法逃避的命运，叫自己必须认命和承担。所以，R想到前世，认定他是她前世欠下人情的对象，“所以”今世要遇上，要还债。这种纯粹出于情感意愿的假逻辑，不会为当下的痛苦带来任何正面的好处，可她却舍不得放下这种想法，不然她也无法说服自己继续沉溺地去爱，更准确一点应是，继续让她去自虐。

一个只需要找个女人照顾母亲的男人，不可能是个好情人或丈夫。这种男人需要的，是一个照顾母亲和自己的保姆。他连自己也无法活得好，需要女人的照顾，心理上内疚，觉得欠了母亲和爱他的女人，但实际上却无法以行动改善自己，没有长大过，不懂得爱，也不可能去爱，只能自私和放纵，剥削别人，尤其是女人。

爱上这种男人的女人，偏偏是母性极强的女人，借助自己理性不足的弱点，制造无法自拔的宿命。可一切，都是她们自己选择的结果。

母性的基础是承担，但很多女人其实没有承担的能力，却有承担的欲望或心瘾，背负沉重的爱，命名为“前世注定”。自作自受，怪得了谁？

心跳的真相

你也有过这样的经历吧：一想起他就会怦然心跳，远处闪过类似她或他的影子，还未看清楚就先心发狂，“觉得”那是爱情的感觉，令你莫名其妙地心被震动。

那是多么神奇的反应，你相信这就是爱的反射作用。

她很爱他，一想起他便心狂跳，爱到心绞痛，经常害怕失去他。“这不是证明我对他的爱很强烈吗？”

这是天真的推敲，爱的假逻辑。说白了，她的心跳率反映了她对感情的不安感。

“我对其他人不会心跳，只对他才有反应。”

很多女人跟她一样，一相情愿想象爱着某人，想象爱他如何的真心和付出，以为心跳见证了她“有反应”。其实，更多可能只是她用脑去想着关于爱情的事，但又不知到底是什么的缘故。

我们都不了解自己的心的运作，尤其是它在情绪和情感反应上的角色。

心是掌管感情和情绪最重要的器官，她紧扣着情感记忆和情绪反应，容易给予我们一些无端的，刹那的感觉假象，因为她的反应快，不经大脑思索。可是，你的反应不一定与真实有关，就是说，你看到某人有特别的心跳感觉，并不一定是因为对方的本身而产生，可能不过是因为他拥有某种容易勾起你记忆反应的特质，刺激你的心跳。这就是说，你可能不过是错配了对象，把自己的感觉投射到对方身上，产生了生理反应而已。

简单地说，那个让你心跳的他，未必就是你所爱的人，更不应妄下推测，幻想他就是爱着你的人。

说白了，以为是由浪漫神秘的爱情感觉牵动的心跳反应，可能只是惯性心脑混淆的生理现象，甚至是负面的情绪反应，跟真爱还有一大段距离。

掌管爱情最重要的源头不是感情和关系，而是我们的心。

心脑不协调产生的情绪问题如执著、紧张、不安、痴恋、迷失、幻想……等捣乱了心，让我们无法静心，容易迷惑，看不透内心，不知心真正的所想所感。

如果心处于混乱状态，她足以干扰大脑的理性思维和判断力，结果越想越乱，越乱情绪越坏。所谓心跳的真相，跟以为心所想的感觉永远有出入。

心是爱情感觉的神秘园，复杂的内分泌反射作用，比脑袋更先处理爱和情感。心力能消耗很大的能量，让我们劳心劳力，若没有好好处理，保留心能量，就容易郁结心病，恶性循环，倒过来影响情绪，变得悲观消极，不再相信爱，也感受不到爱，只有负面的心跳反应：长期活在幻想或惶恐不安中，害怕失去，害怕得不偿失，容易心伤透。

心跳原来有它另一道轨迹，学会看穿它，才能看到爱真正的深度。心是能看穿爱最直接最真实的窗户。它不会说谎，假如你听得懂它的话。可惜，我们都误会了心，像很多人误会了爱一样。

别因为心跳而问对他是否有真爱，有没有错爱等感情泛滥的问题，应先安定自己的心，别认同乱七八糟的心跳，学习聆听心跳以外更冷静的心底话：面对他时，我平静吗？我自在吗？大家相处时舒服吗？是不是爱得很费力呢？

镇定的心比凌乱的心更可信，更懂得爱。

少知为妙与自主命运

M有个情同姐妹的好友，长得漂亮，事业有成，还有一个疼她的老公和可爱的女儿。M一直非常羡慕她，希望有天自己也和她一样幸福。可是有天她陪客人到酒吧应酬，看到酒吧角落是她好友的老公，正和一个年轻美女激情相吻。她感到非常气愤，马上跑出酒吧想打电话给好友。可话到嘴边又说不出口。难道要让最好的朋友受到伤害吗？“我不想破坏别人完美的家庭。我要告诉她吗？”

没有人愿意被爱人背叛，可能大部分人宁愿被“善意”欺骗。人总有把事情想到能接受的能力和权利。可是，站在治疗的角度，情绪病人难医的原因，正是因为难以适应突如其来的打击。永远是未雨绸缪比事后补救好。不过，人是脆弱的。看你是否宁愿勇敢面对，也不想被骗当做傻瓜，尤其在敏感的感情关口上。

我们无须背负通知好友她被背弃的责任。其实，很多真相并不需要刻意告发，可能时缘未到。话说回来，也可能时辰已到。要不要说出来，有两个关键考虑点：一是你的脾性，二是你好友的脾性和勇气。

你若是不吐不快爽直类型的人，自然会在某时冲口而出露口风。此举可能救了好友的自尊和自由，也可能让她从此掉进万劫不复的深渊。不过说到底，要看她的承受能力和情绪智商的高下。若她是个乐观和情绪成熟的女人，谁让她知道也不重要。因为，一来，她很可能早已知道真相，只是已找到方法平衡而已。**你永远无法知道人家婚姻的真面目。**二来，她要是个坚强的女人，此时让她知道反而可让她趁早处理关系，不用待年华逝去，女儿大了才去争取自己早逝的幸福。让她早有准备，及早为自己和女儿的将来打算也算是慈善行为。别忘了，她不一定被动应对，局面可以由她主宰。要接受老公还是倒戈抛弃他，留给她面对。这也是人生。

怕做罪人的话，可以先试探看她是否真不知情。她够坚强的话，不妨让她知道你所看到的，因为由你告诉她，总比她从其他人口中得知能挽回一点面子，也算是帮了她。若她从来就是个柔弱小女人，无法承担噩耗的话，那就闭嘴别多管闲事好了。

说到底，女人的幸福到底是什么？是少知为妙好，还是抓住真相自主命运好？由你决定吧。你才是命运的主人。

再婚女人再失败

经常碰上再婚女人的问题个案，内容大同小异：和前夫离婚后，带着年幼的孩子嫁给现在丈夫。不久便发现似乎又在重复以前的婚姻——从激情回归平淡、从平淡走向麻木，每天把孩子安排妥当后，他上他的网，你看你的电视，各做各的事情，少有沟通。加上再婚让女人变得对丈夫的一举一动更敏感，草木皆兵，让自己变得更脆弱。再细想，发觉原来他有很多地方不如前夫，于是觉得自己很不幸。

女人经历过一次婚姻失败，马上寻找关系上的安稳，却忘了检讨之前失败的原因，忘记在再婚前问一个最基本的问题：和这个男人结合，能重燃恋爱的感觉吗？能让爱的力量强大，带给自己和家人更大的幸福吗？

在一段关系里，爱比其他一切更有凝聚力，哪怕是金钱和物质，也不能买到高质素的相处感觉和关系，让感情历久常

新，保持激情和澎湃。

再婚而失落的女人，问题是过分幻想丈夫能实现她未圆的梦想，忘记开发自身的力量，创造自得其乐的人生。她们过分聚焦在负面人生观上，活在惶恐里，害怕婚姻失败的历史重现。

负面情绪的人的陋习，是把事情恶性地无限上纲，由得不到理想的婚姻，到推断世上没有完美男人，再引伸至没有任何可信的人，女人的命运很悲凉等等。这是非逻辑、非理性的恶性推断，把事情复杂化、悲观化，却对问题没有带来任何正面建树。

能这样反问吗：即使世上已没有任何可信的人，那该怎样面对现实，活好自己，带好下一代？

假如一切都靠不住，人最后的依归到底是什么？

这是重要的问题，因为人生变幻无常是真的，我们要强壮自己，面对逆境是迫切的，但**除了时刻战战兢兢地忧虑不安外，生命应该还有其他更好的存活方式，让人感到舒心和温暖。那是什么？那是爱，是知足常乐和打开心胸的喜悦。**

其实是你要求过多，得不到满足所以失望，影响了情绪，可心态一转，看自己还健康地活着，还有工作，还有能力做很多事情，这已是让人快乐和感恩的事。人心欲望无穷，你要要求多少才心安理得？

回归简朴生活，感受生命的喜悦，问题便会变得简单，心才能放下，从容自在。

生命的聚合力量是爱。爱情、亲情关系的聚合力也是爱。要是真有能杀死婚姻的东西，不会是其他，而是你自己的负面意识。

因爱成恨的复仇心理

A 自称是个完美的妻子。她说 ：“我一直对丈夫、对孩子照顾有加，连他自己都说挑不出我什么毛病。可是他一年前交了个网友后，整个人都变了。为了达到尽快离婚的目的，他变本加厉地摧残我，不仅动手打我，还从精神上折磨我。面对这样一个疯狂的人，我也不想再和他过下去了，可是为了女儿有个健全的家，还是不舍得放弃这一切。我现在充满了仇恨，我想报复，让他身败名裂。”

成为一个完美的妻子，是不是能保证得到幸福，拥有美满的婚姻呢？这是女人在婚姻上经常豁不出去的问题。

为什么丈夫有外遇还要对妻子凶呢？原来人都承受不起所谓完美，正因为我们拥有太多欲望，同时知善恶，被道德束缚，所以越是完美的伴侣，越教你承受不起。于是，软弱的你宁愿选择成为罪人，甚至刻意伤害对方，掩盖自己无能力承担完美伴侣的愧疚感。

人是自相矛盾的动物，一方面希望拥有完美的家庭、爱情和婚姻，另一方面因为人性的软弱，无法管理好欲望，于是只能通过伤害对方，令对方痛恨自己，减轻羞于面对自己无法完美的自卑感。**只有成为罪人，才能继续放纵自己。**这就是可悲的男女情爱关系。

很多出轨的丈夫都是懦夫，以折磨妻子的方式纵容自己的贪念，让自己变成罪人，放弃理智和恩情，让妻子情绪反弹产生仇恨。

因爱成恨其实是动员了同一股能量，把原本用来为爱付出的能量，转化成为反抗和怨恨，于是一下子忘记了爱，只看到恨。这时候，女人只想到一切跟怨恨有关的行动，这原是恐怖的报复欲望，让情绪得以舒缓，所谓让自己好过一点，让自己得到公平一点的回报，让对方得到应得的报应。

问题是，这样想的你，真的感到好过一点吗？还是反而更痛苦，两败俱伤？你和丈夫都不自觉地成为欲望的奴隶。最终，到底谁是赢家，谁是受害者呢？

所谓要给下一代一个健全的家而不离婚的男或女，其实不过是舍不得放弃一切，却容易让自己精神分裂，变得负面，毁灭性，建立更大的仇恨。小心陷于自相矛盾的思想危机中。你能想象一个“健全”家庭的父母是充满“仇恨”的吗？

以仇恨对付仇恨是愚蠢的，因为仇恨在还没有杀死敌人前，已经杀死了你的心胸。

打开心胸，学习放下，别纠缠于爱恨关系和复仇的执著中。

自作贱＝自作孽

女客人B说自己老是失眠，动不动便晕倒，可是丈夫还是对她很冷漠，不知如何才能挽回他的心。

可我却从她的眼神发现了她收藏的秘密，后来她也亲口承认了。她，原来一直在诈病，一直在自作贱，希望博取丈夫的同情，对她回心转意。她相信作贱自己可以让丈夫怜惜她，好歹也会关心她一下。

于是她闹出走，抱着孩子消失了三天，也试过一晚故意淋雨生病，甚至烧伤手让他替她疗伤。开始时他有些紧张，她便觉得很开心，可作贱行动一次又一次升级，像毒瘾一样，最后丈夫也麻木了，索性不回家。

人自作贱一次是无知，两次是无聊，三次就是自作孽。

作贱自己能勾起潜意识的自虐快感，惹人怜悯。可说穿了，不外是女人最擅长却用得最露骨和没品位的无赖伎俩，十几岁到二十几岁的小女孩还算可以原谅，三十多岁已为人母还用这招便太低级了。一眼被看穿，还有什么怜悯可言呢！为何不做个可爱的女人，反要做个惹人反感的女流？

没有孩子的话女人可以任性，自虐，自得其乐；有了孩子，便得为孩子负责任，作贱自己就是作贱孩子。你生病，孩子没人照顾，你不快乐，孩子无辜受害，捣乱无邪的童真。你可以离开丈夫，离家出走，但大前提是给孩子爱。

和丈夫是一段关系，和孩子是另一段关系。孩子的存在价值，是让父母看穿自己的衰老和幼稚，提醒你们活坏了，应返回童真重活一次，跟孩子一起成长，重新学习关爱和付出。

孩子的潜意识比大人更敏感，他们不用理解成人的话，但他们的感知能力很强，一下子便能侦察到父母的情绪能量。父母开心的话，他们会吸纳和受感染，父母伤心、愤怒的话，他们会马上低沉，形成焦虑不安的心理，担心他们的人身安危。爸妈是不是不理我了；爸妈是不是因为我不乖而发怒；爸妈是不是不再爱我了……童年阴影的产生，大多来自充斥着负面情绪的家庭。

能不能先从孩子身上找到爱的种子，重新学习去爱和付出呢？

别作贱自己，先学习自爱，真正的感情不是骗回来的。坚强一点面对夫妻问题，别忘了从孩子身上得到正面的力量，彼此学习爱，分享爱，建立和谐母子关系。已变质的夫妻感情能修补便修补，不能也要先搁下，打开心胸，别在孩子面前说父亲的坏话。让孩子从你身上感染宽容，你和孩子可以是更美的“爱情”。

自讨苦吃的女人

女人大多数的感情烦恼，原因都不出四个字：自讨苦吃。

告诉你一个笑话：男人把赚来的钱都花在女人身上，女人把储来的钱都贴到男人身上，结果男人总埋怨穷，女人也总觉得穷。到底，钱从哪儿溜掉了？

正如，女人总以为已为男人付出了所有，天下最好的都已奉献给了他，结果他收到的却不是他需要的，更遑论爱。

男人和女人的感情接收天线大不同。女人感到受伤，男人感到压力。到底爱溜到哪儿了？

是能量流失的问题，也是错用心神和精力的问题，所以大家都爱得筋疲力尽，爱情免疫力减弱，很容易受伤。

自讨苦吃，白费工夫，你我的青春都是这样花光的。

还有一些女人死心眼，苦苦为了不值得的男人尽心尽力，即使被他借光了钱，甚至被他打，还会自圆其说：不，他只是压力太大了，他正常时是不会这样的，他会改的……然后吐出最真的假象：我还很爱他，不想离开他……

都是自己太懦弱，连害自己的人都变成可以原谅的宝贝。吃得苦中苦，方为蠢女人，不无道理。

又有这样的无赖：明明和男友分了手，还是放不下，老觉得他曾经是你的，分手也要被你管，让你知道你要知道的近况，过年过节也要他陪你，你生日要他送礼，还偷偷查他的电邮，因为你还有他的密码；你有病第一时间也找他，觉得他应该要来看你问候你，甚至陪你看病，提醒你吃药，就因为他曾经这样做过，现在也应这样做，好来好去。结果他受不了，不再听你电话，不再想让你管，他要自由，你居然埋怨："你以前不是这样的，为何现在这样对我？这不是太绝情了吗？"

分手后还缠着人，不是太讨厌了吗？放过人家吧。**分手要有品，不要赖着惹人讨厌。**自讨苦吃，自作自受！

自讨苦吃的女人，容易演变成忧郁症，自封为爱情受害者，叫苦连天好辛苦，朋友也怕了你，因为你已变成不断重复向人诉苦的机器，你不累，人家也累死！面是人家给的，架是自己丢的，这话也有道理。

不是说你没有爱，只是当爱变成滋扰性行动时便不对劲，没有为自己和对方带来正面的、被爱的感觉，这样的爱，白费心机。

情场最忌两句话：一相情愿，自作多情。

小心变成怨妇，或者野蛮女友。所谓爱或付出，可以相当磨人或暴力，迫死对方和自己。

十年关系的生态

不断收到三十来岁朋友的通知，告诉我维持了十年的感情关系要终结了。

女朋友J的舅父和在一起十年的女友要分手了，四十岁的大男人，从女友家搬出来的感觉很心酸，情绪低落了好一段日子。

大学时代认识的男朋友A，最近突然写信发到我的邮箱里，说很高兴能从杂志上找到我的邮箱地址，告诉我两天前刚和结婚十年的妻子离婚了，那是很艰难的决定，非常难忘的经历，但也值得感恩。

另一位女朋友F，她终于能和结婚十多年的丈夫协议离婚了。他们的感情早已有问题，只是丈夫很依恋她，不让她离开，纠缠了两三年，他终于梦醒了，还深爱的妻子自由，不应再用他所谓对她的爱捆缚着她。当然，关键是他已爱上另一人。

爱是神圣美丽的，但相处、关系和生活却容易把爱的力量虚耗。第一年热恋，第二年适应，第三年习惯，第四年沉闷，第五年感到不妥，第六年压抑和忍耐，第七年终于爆发，第八年努力幻想和修补，第九年心灰意冷筋疲力尽，第十年心死放弃。

十年关系当然可以浓缩至三五年，总之，一段关系的诞生和终结，本来就是爱情关系的生态过程。

其实这是很正常的，学习接受，也是成长的一部分。别太执著，能爱过已经很幸运。

到最后双方不能爱得从容，被生活、猜疑、判断、要求、欲望、任性、失望、无奈等磨掉了精力，面对神采不再的脸容，面对没精打彩的体力，面对日渐衰老的气息，面对不再激情的亲密，面对习以为常的沉闷，便是时候变一变，停下来，更换空气了。

再亲密的关系，再深的爱，也可以适时停一下，过一点完全属于自己的生活，再生自己，为能量充电。这不是自私，这

是自爱。

可大部分人都不舍得，不敢分开，怕一旦分开便完结，会让其他人取代自己的地位，也怕感情淡了、变了，便不能再挽回，所以宁愿忍受，还是要死守一个名分、一段关系。我拥有他，他属于我，我不是一个人，他心里还有我……抱着这些，你却无法定心，老是失眠、担心和神伤。你还有一大堆理由：惯了和他在一起，哪有理由突然说想自己静一下，只为自己活？或者怎能忽然放下他，自己顾自己？你甚至早已忘记了剩下自己一个人活时，是怎样吃饭、睡觉、穿衣、逛街、看医生的。

人，到底能有多少个十年？

完美主义女人

不少客人和读者都是完美主义者，尤其是女性，老是觉得生活事事不如意，竭尽努力希望改变身边的人和事，却因为无法让本来就不大可爱的世界完美，感到相当沮丧，自信下滑，或者怨天尤人。

追求事事完美本来是积极的事情，可是，当这份追求变得过分和苛刻时，便会在吹毛求疵的挑剔下苦了自己，也苦了爱你的人。

完美主义女人通常同时患有压迫症，情绪失控的机会也特别多，让自己透不过气来，让人受罪，所以很难找到愿意兼容的朋友或恋人。

完美主义女人都有几个明显的特征：

一、敏感焦虑：容易对小事情患得患失，精神紧张，总觉得自己很难驾驭生活上无法用大思维大逻辑理解和化解的困局，有时甚至变得迷信，失去理性，叫人担心。

二、缺乏安全感：即使自己已在知性方面掌握很多，偏偏生活上有太多超乎想象和知识能力可控制的事情。渐渐质疑和否定自己的能力，变得没有安全感，外刚内怯，觉得自己并不够完美，转而要求伴侣给她安全感，影响感情关系。

三、自我否定：拥有高知识和高职位的女性，未必在社会上享有必然的认受性，尤其是当她们还没有得到上司或爱侣的肯定和支持时，往往会在小事情上显得没有自信，甚至否定自己的能力和才华。一些女人更因为自己的优秀，而被视为不用多被照顾和爱护的超级女人，可以想象她们既自强又自卑的孤独心理。

四、压迫性强：遇到情绪紧张状态时，她们倾向将紧张转嫁给伴侣、朋友、下属或孩子，向他们发出无理的指令，令人无所适从，增添压力。事后可能还牢记在心，有些却马上失忆，无形中影响她们的人际关系，甚至叫陌生人勿近。

五、多疑倾向：她们拥有焦虑不安的典型负面情绪倾向，把一切归纳成为支持她负面想象和推断的证据，怀疑伴侣，容易妄下错误判断。

六、嗜甜倾向：完美压迫症者在压力增大和情绪出现失控时，喜爱吃大量甜品零食，表面可能是为减压，生理上却制造更大的血糖不平衡波动，加剧情绪失调问题。要知道嗜糖会让情绪起伏变化较大。

百分百的完美是不存在的，那只是一个指标，并不是追求的目的。追求完美的女人不会快乐，不如学习接受世上的不完美，拥有一颗豁达安静的心，反而更能感受舒服和轻松。这才是人应当追求的生命素质。

女人别先做懦夫

女人都喜欢等待男人浪子回头。

像她，男友移情别恋，她等他回头。结果他真的回头，可是回来的只是性器官，即是说，他回来只想跟她做爱，并没有带回他的心，也没有爱她的意思。当然，他的新欢还在，共享齐人之福是他的目的。口里还嚷着女人应包容男人的性欲，这是男人的本性。

别中计，这是歪理。性欲是人的本性(不止于男人)，但并不等同剥削。利用人家的感情弱点占用对方的身体，就是剥削，跟包容无关。

女人别傻，以为男人回头就表示还有希望重拾爱。爱对女人而言是生命的重心，可是男人却不一样，爱很可能不过是一张顺利取得性活动的便宜通行证。

她却希望承诺，希望重获被爱的感觉，想和他分享每天的喜乐和悲伤，和他倾诉烦恼，照顾他的生活，像从前一样，像恋人一样，像爱情一样，唉！

但对方没有爱的概念，只要情欲关系，看准她对他还未忘情，能够提供免费性服务，何乐而不为。**男人自私，但女人需要男人的自私虐待自己，也是自作孽一场。**

爱是需要承担的，虽然不用执著海誓山盟，但怀着一颗愿意承担的心是重要的，是一切付出的基石。

回头浪子到底需要什么？是情欲上的回归，不是心。

别妄想纵欲的人需要精神生活，或者你珍而重之的所谓爱。说白了，对方说想念你，需要你，不过是因为说话的当下身边没有一个身体给他搂着睡而已。下床后，不看你一眼，干净利落地离开，像没发生过什么一样，不用挂念你，不用关心你，不用照顾你的感受，这样的关系最舒服爽快不过。利用女人还抱着爱的弱点，占她的便宜，怎样说也是懦夫的行为。

别让自己爱得那么廉价，你有责任向懦夫说不。首先，你不要先做懦夫。

爱不用乞求，也无须等待，先爱好你自己。能独立，自处的女人才能得到平等的、受尊重的爱。起码，你不是第一个剥削自己的人。

有些人不值得为他付出和等待。真诚的爱里有承担和分担，有分享和享受，要站在互相尊重和照顾的前提下发展爱才有意思。说一句想念你、我爱你，多么容易。

对于从没有得到过的人，没有不舍得放手的逻辑。面对这种人，应该懂得保持距离，别被利用。感情是珍贵的，不容被剥削。

真正的爱情，是先保护自己珍贵的感情。决心离开伤害自己的人，是对自己的承诺和责任，也是爱的智慧。

别做感情的乞丐

朋友晚上来电话，问很多中年女人最不容易抉择的问题：要不要离开已有婚外情的丈夫。

一年前，丈夫已把和她一起开创的事业的股权调动，把原来妻子拥有的一半悄悄调走了，甚至移到新相好的秘书名下，二人建立了新公司。朋友不知道丈夫的部署是为了把她甩开，并占有她的财产。她只觉得丈夫近年已不再和她亲热，不再和她旅游，不再跟她说话，甚至不再回家了。她问他，是不是有了女人？他否认。丈夫出轨的历史已不是第一次，相处十年，对他的一切已很清楚。她再问，我们现在算是什么关系？他暗示各自可以有各自的世界，他也会安排照顾孩子的事宜，她可以不用管任何事，做自己的事便够了，少管他的。

言下，就是这个家已没有你的份了，识趣的话，请自行消失。

朋友不甘心，已是第二段婚姻，人到中年，早已不寄望爱情，只是没想到，曾经利用自己创业的丈夫，会因为一个小秘书抛弃自己，不留一点感情。

她问我：“素黑，其实他以前已有过两段婚外情，我都忍下了，都可以渡过，这次我是否也应一样地忍下去，让他玩厌再回家，这样家还可以维持着，不是吗？”

现实一点吧。当一个男人不再视妻子为伴侣，已经计划好分开的安排，叫你最好离开别打扰他，还把你的财产吞并了，这个男人早已不再是亲人，即使不是仇人，也不可能再亲爱你，完成你美满婚姻的幻想。还要等待什么吗？

等待的条件是还有希望，对于一个没心肝没责任的伴侣，你可以做的只有一件事：爱好自己，夺回自己的尊严。

千万别做感情的乞丐，因为感情是尊贵的，爱是无价的。带着尊严离开，主动交代自己不认同他的行为，让他知道他可以贪情，但也应顾及妻子的感受，不应伤害别人，成全自己的私欲，这不是君子的行为。你是可以放弃他的，无须听由他摆布自己。

采取主动很重要，让他知道你不想再和小男人一起生活。不用多说其他，简单地交代立场便离开，把其他财产分配，孩子抚养权的法律问题交给律师处理。感情的事是两个人的事，需要交代，拿出勇气说清楚，也就别回头了。

无须跟不再爱你的人动气、抱怨或发怒，避免制造新的伤痛记忆。不如学习保存能量，多爱惜自己，把爱留给更值得你爱的亲人和朋友。

婚姻以外，还有更让女人发亮发光的价值。

堕落容易 承担难

年轻的K说："我把我的第一次随便给了一个认识不是很久的男人，居然没有什么感觉，只是感到有一点点痛，之后就什么也没有了。"是因为他的一句："你好性感！"他们在上床前，见面的时间只有三分钟，网上聊了一个月。是网恋，不，应该说，是网上调情而已，谈不上恋。

K说她的堕落，始于一年前跟初恋男友分手后，她便开始颓废，人变得麻木，不再有感觉了。身边可以上床乱来的男人一大堆，一脚踏十几条船，表面风光，其实很累很累，对爱情已经没有任何期望，也不想去寻找了。

上床比上网更随便，可能只为换来一顿饭，一次唱K的入场费，甚至一个拥抱，幻想已找到爱的慰藉。

说是因为忘不掉旧爱，这种说法很熟悉吧，原来身边很多女人，可能包括你自己，也是因为这个漂亮的可怜借口自甘堕落吧。可K那段所谓初恋却不是什么刻骨铭心的恋情，走在一起前后不到一个月，就因为和他一起好像最开心，不愁将来，享乐至上，到后来发现自己只不过是他前女友的代替品，待那女友回到他身边，他竟狠狠抛下一句："我们从来没有一起过。"便头也不回离开了，留下她痛不欲生的感觉，感到自己已不再有价值。

也许我们也像K，总有堕落的理由，其实都是借口。

爱情伤口真正的源头，其实并不是对方，不是爱，不是性，而是借爱恋关系自残的欲望。

为什么呢？很简单，因为**堕落是容易的，承担生命却很难**，要付出，要努力。

爱是困难的，关系是容易的，于是我们寻求的只是感情关系，而不是爱。

爱情早已死掉了吗？不，**死掉的，只是我们求爱的心而已，麻木不仁没感觉的身躯，只能性交，不能做爱。**

原来我们根本不懂得去爱，我们只是喜欢和制造爱的感觉而已。

我们喜欢爱情关系，喜欢恋爱的感觉，要制造这种感觉是很容易的，用身体交换便可以了，最方便不过。

我们甚至可以为了这些假象感觉死去活来、哭泪忘形、厌食暴食地自我摧残，因为，那些感情是你早已从电视、小说或其他传媒上学到的。瞧，爱的感觉是多么的虚弱，我们失去爱和被爱的能力，关系都是虚假的。

太随便的关系，没有被珍惜的余地。不爱自己，不珍惜自己，便没有人需要爱你珍惜你。别傻了，生命太短，犯不着靠堕落折寿。

分手后冤魂不愿散

有位女读者，和男友因为无法沟通而分手，事后不甘心，在网上假装另一个女生和他聊天，因为太熟悉他，所以很轻易地博得他的好感和信任。一段时间后，开始套出关于他和她分手的“真相”：原来他觉得彼此个性不合，她不适合做老婆，很难相处长久，长痛不如短痛。后来他居然说喜欢上网上假装的她，说要见面。她矛盾了，想说出真相，想挽回，但怕被识破后一切便完蛋，很害怕这借来的错体情感会突然消失，然后大家便彻底地分开了。

但凡需要极力挽留的，已经表示其实留不住，即使留得住也已变质了，尤其是感情关系。

恋爱要靠回魂维系，延续业已逝去的情缘，死抱爱情的尸首，不让他离开，这是什么玩意呢？很多女人分手后不甘心，只因为觉得对方欠她一个解释或交代。

女人最大的问题，是必须搞清楚分手的真相才甘心，可到“知道”后却承担不起，无法瞑目，自作自受。

女读者知道了分手的真相，因为听到他“亲口”告诉她了，可吊诡的是，所谓真相，只是他随便按键弹出来的一堆文字，现实中他们根本无法沟通。更何况，所谓答案，是她不适合做他的老婆，问题在她处。她却宁愿相信网上这个他、这个答案。其实他在网上说的并不一定是真相，更何况网上世界的游戏规则就是隐藏和随便，过把瘾便算。

无法沟通是无法相处的别名。这位女读者应该感到庆幸，不再需要跟一个只懂在网上调情的自闭男人恋爱。游戏一开始就是假的，自导自演到最后，还希望一切都是真的，却害怕面对真实，演坏了戏。说白了，她不是不敢跟他见面，她只是无法跟自己见面而已。她真正的担忧，是不知如何再次相信自己才对，而非如何让他再相信她。

所谓怕他突然消失也是假的，网上这个他原来就是亡魂回归的假象，大家已彻底分开却是真的。这个回魂故事告诉大家爱侣之间最大的盲点：相处时无法沟通，保持距离后才能激起火花。

有爱的感觉，没有爱的能力。

其实很多恋人也一样，只能跟感情的回魂延续虚无未了缘，隔离相恋，纠缠不肯放手，这是病态的“人鬼”恋情，最邪的不是彻底分开，而是冤魂不散。

对于旧爱，别迷信还能挽回，也别再迷失了。失恋、失魂兼失去自己，人不像人，鬼不像鬼，那才最骇人！

别先做小人

微软流动通信曾在亚洲五个国家和地区进行过一项调查，有关人与人之间如何通过手机建立关系，结果发现所有受访地方的妻子们，都有可能阅读配偶手机中的通信记录，其中以日本女人比率最高，达到七成。而如有可能的话，近半数台湾受访者愿意使用 GPS 导航系统追踪配偶的行踪。

这些发现，令人担心和不安。

在我的治疗经验里，大部分伴侣关系发展到怀疑和不信任，尝试或明或暗地搜查伴侣的手机通信记录的，十之八九都没有好下场，关系最终要走到尽头，而且不能和平分手。

搜查别人的隐私，在任何情况下，都是不道德的。假如有人说：“查他也是被迫的。”这是可耻的说法，为掩饰自己的懦弱和霸道找借口。

说懦弱，是因为再大的质疑，也应以公平和良性沟通的公开方式处理，而非因为自己无法操控关系，而采取不光彩的方式。

人无法做君子，也无须做小人。这是成熟，负责任的人和正人君子都会为自己和别人遵守的原则。

强行闯进别人的私密空间，强暴对方的讯息，除了亲手破坏关系外，更影响了自己的人格和尊严，为心理徒添负担。心态变得野蛮，为巩固自己的利益伤害别人。这样，早已杀死了爱，也杀死了关系。这样的人，其实最难得到心灵的平和和满足，还自封为受害者，被出卖者，其实出卖自己的是他自己。

追踪别人的行踪同样是懦夫的行为。关爱的基础是尊重自由，你想知道对方在哪里，可以问，对方不答，你可以选择进一步沟通，或说出你不快的感受，而不是强占别人的私生活。

别以为伴侣之间不需要有各自的私生活，大家若不能本着互相关照对方的感受，不能坦诚相处的话，被你查到对方瞒着你，做你不想知道的事又如何？信任是关系的砥柱，由破坏者承担责任，但你无须成为破坏者。问心无愧比强侵私隐得来的信息，更让人活得心安理得。

处理关系，除了尊重和满足意愿，便是需要勇气和信念。后者站不住了，便向对方剖白，光明正大地表达自己，面对问题，无须害怕，也无须先小人后君子。

人要活得心安舒服，必须学会停止做伤害自己的事情。很多所谓的“事实”，不过是脑袋想出来的结果，没想过和想过了，都改变不了现实。

有意识保养自己身心灵的人，会宁愿选择先把多余的、搞不清楚的思想放好，先做别的，减低不安情绪。

准备做妈妈

几位读者和一个客人最近分别告诉我，她们很想生孩子，可是还没有。

发现她们都有一个共同点：紧张，过分忧心。

A是个大小事情都相当执著的人，每事必问，毫不放心，什么都要管，什么都不满意，喜欢指挥别人，别人不按照自己的意愿来做事便谩骂、指责，令同事和家人包括自己都很紧张，压力大。

B是个计划狂，一切都要在掌握中、计划内，连怀孕这回事，她也希望能预知受孕时间，好让她计划下一步。任何事超出了她计划的范围便非常不安。因为做足了工夫，还是无法受孕，结果闹出情绪病来。其实她只不过结婚几个月，想要孩子也不过是几个月的事情，可她已见了两个医生，怀疑自己或丈夫有问题。实在是过分紧张和担心，不必要。

C是个有负面思想的人，忧虑太多，总觉得自己不及别人走运，人家有孩子，轮到自己便不那么顺利，小产过两次，极度忧心是自己的问题，所以留不住胎儿，终日抱着孩子不喜欢自己，家人瞧不起自己，再生不出迟早会被丈夫抛弃的歪念。

女人天生是生育的载体，她们拥有先天条件孕育孩子，不过，后天的条件却需要准备好自己，配合好，才能做妈妈。这些想做妈妈的女人，最大的问题不是不能成功受孕，而是身心还没准备好当妈妈，只有做妈妈的欲望而已。

所谓未准备好做妈妈的意思是，你的身体太紧张，像乱七八糟的家一样，还未清理好便邀请客人来住一样的情况，人家来了也感到不好意思，住上了也感到不安或不舒服。你还没有准备好做一个招待客人的朋友，你没有准备好一个安乐窝给别人住。

你的身体是胎儿的第一个家，这个家需要先整理好。你的身体需要处于欢迎、愉快和接受的良好状态。你的身体调好了吗？很多人紧张而不自知，以为能应付好压力便没问题，却不知自己已无形中积累了压力，细胞劳损，情绪不好，这样的身心状态，不适合孩子依赖和居住。

还有一点很多想做妈妈的不知道，其实准孩子也在选择适合自己的妈妈。

一个紧张、充满压力和不安的妈妈，绝对不是孩子理想的成长地。即使你已成孕，胚胎也会借故溜走，这样的妈妈，好可怕，还是另觅好人家。

压力是不孕的元凶，紧张是小产的原因。孩子原来也有自选妈妈的灵性。

受孕的条件不止是做好爱，更要爱好你自己。

单身的释怀

回复单身，一个人。你的床上依然放着两个枕，你告诉自己已习惯了，或者，不敢拆穿自己的，是潜意识里不忍心亲手拿走他也许还会回来的遐想。

这种日子不能长久。要回来的不是他，而是你自己。

于是你决定重新照镜子。换个新发型，穿上你一直喜欢他却嫌弃过的颜色，咧嘴笑一下，今天是新的一天，加油！吃营养早餐，跑六十分钟步，做个温柔的 SPA，决定为自己活得好一点，积极地计划做一点具体的事，如立志每天做运动；进修外语；背包远行；当恤孤志愿者；多打电话给老家的爸妈，关心他们多一点。洗心革面，把原本投放在他身上的精力，或者叫做爱——转化。

很好。转移女人天生澎湃的感情记忆，把能量回转再造，蜕变新生动能，才能真正学会爱好自己，关照别人。平衡的爱，从来不应限于付给某个人。

爱里的伤害，或多或少是自招的结果。执迷在情伤的能量是单向和纠缠的，无底深渊一样的沉重，不能自拔，形成病态，最终劳损自己。爱，在劳损的条件下，不可能持续发展，只会早衰。

爱的意义，是为生命带来成长、滋润和支持；爱的责任，便是守护这神圣的意义，别让它垮倒，甚至因爱成害。

两个人在一起是否和谐，需要很大的缘分，但更关键的是生活上能互相磨合，才有开花的机缘。爱的具体体现是生活，不能只停留在概念、思考和理论上，或什么玄妙的心灵感应症状。**爱是能在生活的细节上共融和照应，追求被爱的满足时，同时也要学习关注对方的感受和需要。**爱和被爱是互动的探戈，爱自己，关怀他人，喜于分享，爱的能量才能延续和发展，细水才可以长流。

不能一起生活的关系，不能爱下去，千万别勉强，不如回归一个人。两个人很好，一个人可能更好，当你无法和另一个人自如地生活时，也是时候学习离开，独立地面对自己的一切，再没有借口或依赖让你浪费青春，制造不必要的不幸。

一个人的时候，不能再迷信一相情愿，任性或盲目去爱，你要对自己诚实，欢迎独立。再纠缠下去，再不甘不舍不接受，也是镜中生来死去孤独的你，需要继续走下去的一个你。

离开，原是更大的爱。

单身的好处是训练你走路，抽空你的依赖，多跌多碰，自能学会如何走得好，走得稳妥，走得勇往直前，不记来时路。生命一开始，不就是这样一步一步靠自己走出来的吗？别人可以扶你一把，但路还是自己走出来的。这叫经历，生命最原始的路。

成长就是经历，两条腿，向前走。爱没有成长，便是退步。

等待爱的再现，需要先强壮自己，让自己释怀，这是可以再去爱，不介意一切从头再来的讯号。当某天你能从单身的介怀，转化成内心的释怀，你才算真正找回自己，才能重新自爱和被爱。

拒绝节日抑郁症

过节理应高兴，这是发明节日原来的意义。

可过节是我最忙的时候，不是因为忙过节（我从来不过节），而是要应付突然激增的治疗个案，那些因为节日逆变心情的纠缠情绪病症。

为什么女性多在节日期间情绪特别容易波动呢？与其说是跟爱情有关，不如说是患上“集体节日温度渴求症”。

试想想，到底我们为什么需要节日呢？正是因为重复消沉的生活令人情感降温，需要在一定时间内提升兴致，重燃期待和希望，也借此做个心灵SPA，替快将压抑得窒息和转冷的关系死局排毒，加添温度，让人可以好过一点。

正因为带着重燃温度的希望，我们对节日的期望和苛求便特别浓烈，甚至于“制造”美好的节日记忆的欲望也特别强烈。问题就在此：对过节期望越高，失望自然越大，尤其是，当我们向错误的对象讨爱讨热暖时。

空虚感是最扫兴的节日礼物，随之而来的，是一双双女人受伤的眼睛和寂寞难耐的绝望心情。

还有那浮浅的消费主义，把节日等同于悲惨情歌和韩剧，五星级酒店的浪漫晚餐，钻戒信物，不顾一切的团圆和缠绵……这些都会不幸地成功勾起“去年今日”的伤感记忆。其实你没想过自己根本缺乏承担浪漫的细胞，梦醒过后回到现实，原来泛滥的感情没有根，正面能量下滑，助长焦虑和不安，害怕温情不能长久。心里想，还是觉得安全感比男人更重要，可惜两者从来没有同体连心的基因。美丽的误会，该死的节日……是你的心散乱，导致情绪跌坏的结果。

圣诞、春节、情人节、复活节、中秋……只要你愿意，每年都有很多借来的节日，制造心理压抑的借口。**所谓节日抑郁症，不外乎是借节日发泄情绪，暴露心底潜藏已久的孤独恐惧症。**除非你乐在其中，享受自虐的快感，不然，还是应该学习自爱，避免多余的心理损伤。

迎接节日的正面态度，应该是提醒自己应当检讨过去，面向未来，活好当下。一年容易，问自己过节前后的情绪状态怎么样？再差一点可以怎样？再好一点又会怎样？有了心理准备，便要学习清醒，把心安定下来。

心的安定就是安全感的来源，而非从别人身上获取。在临近节日的日子，多疗养自己的心，每早起来对镜中的自己微笑。别认同传染得来的节日伤感。快乐抑或伤感，你是可以选择的。

独身女人的尊严与欲望

性感自负的J在金融界打滚，擅琴画，爱骑马，精厨艺，会赚钱，能操一口流利的美语，瞧不起越趋懦弱的男人，却怕寂寞一个人。去年养了两只苏格兰折耳猫，从此修心养性。“为什么中国女人一定要为扶持男人失去自己呢？女人不能拥有自己的事业和成就吗？”

J有个事业走下坡的过气大企业客户，刚娶了一个超级能干的女人，女人说她以后会以丈夫为中心，扶持他的事业，惹来J气愤的批评。不过一会儿她又像软猫一样撒娇：“怎么办，已经很久没有性爱了。养了猫后就足不出户不想认识男友，你看我会不会孤单终老，还是已被猫纯化到无欲境界了？”

又要自负又要男人，是独身大女人的小悲哀。

收到过很多强女人的求助，失婚，再恋，再分，依然沮丧地总结："女人，始终还是有婚姻好。"或者问："真命天子何时出现呢？"

说到底她们是强还是弱？据闻香港未婚女性数字比二十年前上升47%，至于内地，单在北京便有50万单身女人。内地叫独身女人作"剩女"，听上去很寒酸，香港起的名字好一点：单身贵族。好歹给女人留一点面子。当然，潜意识里可能都一样心酸自嘲。

独身强女人到底想要情欲关系还是爱，大概连她们也搞不懂。她们超越了绝望主妇的无助，享受大号床上一个人睡两个枕头的奢侈。可刹那情动，又不是同床爱猫能解的寂寥。

"我想找到长久关系，但男人总是令人失望。"这句话道尽独身女人的尊严与欲望。活得不自如的独身女人，其困局不在苦等性伴或爱侣的命数，而是对单身、爱情、性欲和婚姻的态度，对男人的要求跟对爱情或婚姻的憧憬不协调。自信是好的，自傲却易误事，当心幻想中浪漫的爱走到现实里，会化作操控对方满足自己的暴力，变成否定男人，自封不幸的怨妇。

不想负担男人的弱点，却又渴求男人的情欲，本来就是分

裂的妄想。诚实地问自己：你能一个人，还是无法一个人？前者活得自由开放，后者容易怨天尤人。

你愿意开放自己容纳别人，还是死执原则要男人迁就你？能不能取个平衡点？

关系可以很多很随便，爱却需要修养和缘分，婚姻更是协商权力的结果。

尝试容人容己，打开胸襟便能爱人如己。**谦虚大方的女人，懂得一个人好，两个人也好的道理**，你将成为不愁寂寞的幸福女人。

爱花钱是因为寂寞

OL最晓花钱，也最是寂寞。

食色性也，OL最舍得吃，把感情与性的欠缺和不满，一口吞进肚子里。

最出色的行政总裁，会给我写求救信说："我怕失去他活不下去了。"她们愿意花很多钱，一相情愿聘请心理治疗师和她们的男人谈一谈，希望他们能返回她们身边，希望他们会改变。可男人通常不领情，反驳："有问题的是你不是我。"

可怜她们同样无法改变自身的执著：男人还是生命的全部。谁说现代女人够独立？

一个有趣的现象是，职业女性表面上非常独立和能干，忍耐力和毅力惊人，却因为太出色了，反而难以平衡情欲需要，情绪问题和精神困扰日益增加。

来找我做情绪治疗的客人中，不乏月入数万的强人，却在感情关口脆弱幼稚。也有月入数千，却愿意花万元占星问卜求爱情的狂态品种。女人真矛盾得可以：自大意识强，自主意识弱，要做大女人，又想还原为小女人，在男女关系的天秤上宁愿做可怜的弱者。

她们有些很贪心，身边睡一个，心里却有另一个。悄悄在外边养个不务正业的家伙大有人在，贪对方性功夫好，适合做情人，像透我们一直认识的大男人。

她们也很迷信，动辄花上万元问卜测铁板神算，找最出名的神婆，又是塔罗又是紫微，感情命盘比万花筒更破碎，更无法看清楚。宁可信其有，用钱买安心，结果连月失眠，抑郁症加深，再花一笔钱治疗感情的伤口，呵，真爱得又富又贫。

如今二十、三十、四十岁的女人都流行保持单身。三十岁那批收入高，条件好，择偶要求高，迟婚并容易陷入多角关系。反正经济独立，一想到要和男友一起供房子，便想找个超级有钱人，不然还是单身好，把收入花光，和三两姐妹们高消费高水平享乐，到布吉悦榕庄（Banyan Tree）做 SPA，学瑜伽做面膜，去欧洲旅行，甚至享受一夜情，实现欲望都市的风流潇洒和单身自由。由二十岁对感情尚存奢望，到三十岁经历过三五段创伤性恋情，四十岁把心一横不再造梦，踏实为未来打算，买保险，安排退休计划，还会花很多钱瘦身美白，不止为男人，纯粹挥发女人过剩的自大与自卑。

女单身贵族的格言是："永远无须为老公包二奶，有外遇发愁"。

保佑你们真正活得自在和快乐啊。

泡男人的女人

B小姐事业有成婚姻失败，被老公有外遇气坏了，一怒下发誓：“谁说只有男泡女？性欲人人有，只要女人有本事，喜欢泡就泡。”

满口女权主义“英雌”话，其实她并没有读过什么女性主义作品，连伍尔芙和西蒙波娃是谁也搞不清楚，以为是好莱坞女星。人生观只拥抱四个字：“及时行乐。”当然，潜条件是“因为我有钱，玩得起”。

她真的一气之下开始泡上婚后第一个男人，是个美国的客户，已婚、英俊、性功能强劲。双方只有性关系，一年见不到四次，因为到美国出差的机会不及欧洲多。因为沟通不是泡男的重点，所以近两年改变策略，泡上英语差劲的法国男，看上一个比他年轻八岁的摄影师。“我要怎样才能泡更多，做想做的事呢？”她还想更任性，女人总是渴望抓紧更多更多。

当女人有了自己的事业和财富，顷刻解放的性别压抑让她们开始向男人看齐，靠泡男冲喜自己，炫耀成就。有人说，中国小资女人的新兴游戏，就是泡男。

情欲这回事，本来就不分男女，男泡女或者女泡男，不外是生理＋情欲＋好胜的结果。当你拥有财力和权力，你便有去泡的条件，尤其是当你同时难耐空虚寂寞时。

可是她慨叹：“泡男像泡茶，第一次泡口味浓，翻泡味会淡。男人这动物真的不好泡，一旦看穿他亲近你的底，你便开始对他生厌了。当男人变成猎物时，你已失去一切幻想空间。有时真的不如泡只猫，起码看它爱理不理超酷的样子，还有点意思。”

泡男不一定都是了不起的经验，表面上你是猎人，实际上可能是猎物，尤其是当你要靠泡男取得利益时，得付出一定代价。

像客人 H，泡上司是为巩固工作地位，暗地里又泡上公司的司机，因为她从他身上找到能驾驭男人的权欲快感，再在网上泡年轻大学生，愿意包养他，跟他到快餐店吃饭，替自己曾有追求简朴爱情的纯真心回魂。最后泡上艺术家，勾起多年前曾有过当画家、音乐家的少女梦想。结果，大学生借了她十多万不翼而飞，艺术家被发现瞒着她和一个男生搞“断背情”，而上司为了新到位的秘书小姐，巧妙地暗示她最好隐退。泡男的结果，不一定好过。

男泡女求发泄，女泡男求把玩，本质都是求快感，快来的极限是快去，容易腻。难怪泡男泡女到最后，落空总比享受多。

情欲游戏的规则

女朋友E去年差点结了婚，可到最后关头，对方为了一个薪金比她高很多的女人甩了她。她一气之下，花几万参加一个瘦身疗程，以泄心头之愤。

一年后，她和已婚上司偷情，说服自己他是个很可靠的男人，但已婚的男人哪个可依靠？她是心知肚明的，不过只要待她好就行了，再多想多贪也没用。“不属于你的，始终不属于你。宠宠自己更重要。”

上司大她十多岁，有风度，有财力，有地位，最重要的是懂得调情，花心思讨好她。而且他早已和妻子分居两地，算是个单身汉，一定程度上能给予安全感，反正她也不会选这种男人作结婚对象，被宠成小公主般不是很过瘾吗？和成熟男人暧昧调情最好，你永远可以恃宠生娇，怎样过分他也不会怨什么，在他这种年纪，能得到三十出头美女的拥抱和撒娇，也算是走运，怎能对她凶！

可过瘾是一回事，是不是很满足又是另一回事。她跟我埋怨成熟男人的安全感八十分，性能力却只得四十分，怎么办？“我最近在朋友的生日派对上认识了一个小伙子，比我小七岁，可他十分迷恋我。我想试一下。”我问试是什么意思？她答：“当然是为情欲啦，难道要跟他谈恋爱结婚吗？”结果她瞒着上司和那小伙子偷性，左右逢源，一个成熟宠她宠得像公主，一个年轻力壮给她淋漓满足的性服务，这就是女人最大的幸福了是吗？

“做女人无非为此，不是吗？过去我已付出了很多，现在的我想享受人生，稍微纵容一下自己也是一种幸福对吧。”

能同时追求受宠和性满足的现代女性，也是一种选择吧。毕竟，工作和生活压力已经让白领女人受够了，能在感情和肉体上找到慰藉，互相依赖，也是一种平衡心情的方式。在还没有找到适合的长久伴侣前，能遇上可以给你快乐，过把瘾的男人，和他开心过一段日子也是不错的选择，关键是，假如你对感情不算很认真的话。

不过日久生情很容易，尤其是对女人而言，真的别太认真，不要期望开花结果。在不执著名分和占有的大前提下，稍微纵容一下自己，过一点情欲享乐生活也不坏，记住游戏规则是别太动情，待对方玩完拜拜时，你还在幻想爱情的话，便是最大的偷情笑话了。

还是那句话，玩得起的，祝君旅途愉快；玩不起的，量力而为，别贪欲到最后无法放下，自制悲剧。

性开放与性轻松

和初恋男友同居已十四年的S，最近情欲突然开花。一切由一个越轨的绮梦开始，说梦到和最近一直让她心痒的新相识俊男，发生了暧昧的身体接触，看到那跟韩星Rain一样强壮的手臂抓住她的腰。

俊男拥有娱乐公司总裁和单身调情高手的双重诱人身份，还约她旅行，害她回复少女时代和初恋约会时那种忐忑不安的心情，既兴奋又犹豫。

“没想过到了这个年纪，还能得到优秀男人的垂青。我的男友很沉闷，无法满足我的性需要，但我很爱他，不解的是我居然第一次有不为爱而想有性的冲动。开始明白男人的性器官时刻蠢动是怎样的感受，可是我不知如何向自己交代。”

故事的结局是，S没有接受邀请，理由是：承担不起后果。她可以够个性不要婚姻，但还是不够勇气打破最后的情欲道德。

都说女人的特征是倾向用理性计算情欲得失，难以性爱二分，放不下上过床便要求爱的自制压力。

同样的处境，换上K便截然不同。她刚从美国念完博士回来，当上某集团副总经理，拥有优厚的条件追求她想得到的，为性而性是她的小资大女人信仰。她觉得女人应享受性爱，她没有经济压力，没有婚姻压力，更没有道德压力。“当我赚到钱，有地位、有人面、有关系，什么都不缺时，还不好好对待自己就是浪费‘性’命。”

K任性得很轻松，因为她是超级自恋狂，不需要偶像。她甚至不需要跟性伴发生爱情，因为她说爱情太苦。

追求彻底享受是“后性压抑”的新女性心理。正因为这样，以为很明白女人的男人，都不禁害怕女人三十。据他们的理解，这些女人已渐渐进入性饥渴的饿狼时期，财力、精力和欲望越来越强，开始学会狠心才是快乐的硬道理，放下情感和婚姻的包袱，为快感上床，为不满把你推下床。

相反，男人三十，出现阳痿早泄的情况却越来越严重，糟糕，怎能应付这批虎狼之女？不禁自卑，对这批女人敬而远之。难怪年纪越大的男人，越想找青春小女生。年纪越大的优秀女人，却什么年龄的男生都想尝试都喜欢，她们享受性趣的机会自然比男人高。她们超越了性开放的女权概念，因为开放只是理论，为求思想前卫而性开放也可以制造压力，她们宁愿更重视情趣、轻松和肉体享受。

这是不谈性开放，改谈性轻松的女色年代。

女人的胸前自信

女人的身体能带给人正面强大的能量和快乐，譬如女人的胸。

女人的胸很美，遇上美丽的胸，能刺激快乐荷尔蒙安多芬，有助舒缓情绪。

大胸不一定最吸引，重要的是形状，和配合女人开心快慰的情性。再美的胸，配上愁眉苦脸的怨妇，也难以勾起任何性趣。有些女人胸不大，小巧精细，却像艺术品，像一双乖巧的眼睛在静静地看着你，非常吸引。

世俗把女人身体物化，制造欲望，你看透了色情背后的机制，就会一笑置之，不要太介意，也别中计太投入，不外如是也，亦无须太拒抗或压抑。色情影像所以成功，就是因为你抗拒，你不敢肆无忌惮，你越偷偷摸摸，它就越穷追你的弱点。

在非洲，没有人会视女人的胸为欲望圣地，那是性器官，却不是色情陷阱，因为女人的双乳一直都在你视线内坦荡荡自出自入，让你失去幻想和压抑的余地。

不少女客人为了取悦男友去隆胸，结果化学物成了女人的杀手。很少有男人为此感到羞愧，总觉得事不关己，甚至怪那些隆胸女人蠢。世界轮流转，假如有天流行轮到有男人做增长小弟手术，女人千万不要像男人一样缺德，我们不会怪男人蠢，可怜他们就行了，谁叫他们的小弟不管用呢！

女人的胸不会不管用，大胸细胸都有哺乳及被爱抚的功能。女人隆胸不是因为胸没用了，而是胸不够美，男人不喜欢，为的是取悦男人。男人要增长小弟干吗呢？不为增加女人的性快感，只为自尊。瞧，男人就是男人。

男女关系、夫妻感情中，胸到底有多重要？这真是个搞笑的问题。曾经有个小男生告诉我，他很爱他的女朋友，可是她的胸太小了，他觉得若和她一生一世人生会有遗憾。在爱与胸之间挣扎的男人，可以想象如恒河沙数。在爱与小弟之间挣扎的女人多吗？这个问你自己。女人也好色，不过相信不及男人对性器官的盲目执著。这是男人的残缺，女人经常要承担的不幸。

男人是被欲望俘掳的动物，在胸前暴露兽性，女人在男人面前想做有情有爱的人，却被男人变成尤物来赏玩，成为男人的欲望牺牲品，实在浪费。你可以欣赏自己的胸，爱男人的小弟，重要的是还你自由，无须为男人的蠢欲牺牲。

胸不能给你长久的自信，懂得自我欣赏，自爱的女人，才是悠然自得，不再有缺失。

提升女人魅力

在两性关系中碰钉，来找我寻求感情咨询的女人，不瞒你，她们看上去大都很漂亮，原来问题与外表无关，大半是自制的失败。那失败的原因到底在哪里呢？

在脑袋里。

基于人类进化和文化承传的关系，自成长以来，人因袭了不少负面的性别负担，导致缺乏安全感，渴求保护和被保护，执著关系，自信一旦失掉便容易自我否定，否定别人。负面思维影响了情绪和心态，叫人抗拒难受。

固执，不自觉，看不到问题的源头在自身的女人，容易把问题归咎于伴侣，这可不是漂亮的误会。

女人首先应学习自我检阅魅力不足，令人却步的原因，原来离不开以下六个盲点：

一、自卑自大，令伴侣感到压力，加速分离。

二、柔弱依赖，教人厌倦，尤其是弱者的眼泪。

三、多疑易伤，相处时叫人战战兢兢容易累。

四、悲观怕老，怨天尤人，负面人生观，容易身心憔悴。

五、迷信外表，矫揉造作，病态美白瘦身，破坏自然美。

六、盲目付出，感情用事，容易变成伴侣的负累。

从来，思想和身体(外表)最易教人沉迷和过火，却又是增强魅力的工具，可适当地掌握和提升。女人的魅力，从来是由内而外散发的个人气质，要找对入口，掌握自我增值的智慧，才能提升个人魅力，促进和谐感情和关系。

说到底，最有吸引力的女人，不靠学历、财富或美色，而靠个人修养、内涵和智慧，这才是女人最实际、最恒久的魅力本钱。

女人希望提升个人魅力，可参考以下八点：

一、保持自由空间，学习两性空间管理，心态开放，懂分寸、不过问，明白距离就是美的道理。

二、胸襟大方，不要刻意经营关系。大方比计较更具魅力，能够成功维持关系。

三、自爱他爱，先自爱才有能力和余地他爱。自爱的女人由内心散发魅力。他爱先行者容易迷失，只求盲目保卫关系。

四、沉默气质，沉默比多言更能凝聚性感魅力，更具女人味。

五、别急进，爱是平等和分享的，稳步发展关系，别徒添双方压力。

六、注意情绪，了解自己的情绪周期，学习自控，定期替心理排毒，减少戾气。

七、独立自负，拒绝依赖，拿得起放得下，不黏着的女人自然能够散发正面能量。

八、美丽为自己，不为男人。保养自己，乐观积极，魅力才真正涌现，超越年龄，一生受用。

温柔的自信

女人都追求美丽。到底美丽是什么呢？

外表的美丽到底指什么，我们大概都明白一点点。不同的时代和文化背景，对美丽也有不同的标准。单眼皮、线眼一度成为流行的美眸，冲绳岛式的古铜肤色所象征的阳光风情和野性，曾经也一度进占了美女潮流的市场。从前饱满一点的女人是福气和美丽的象征，现在四面八方日日夜夜催眠你的美丽权威的却是越瘦越好和美白。

不论经济有多低迷，女人花在服装美容的消费永远有增无减，可见女人的心理问题有多严重，同时也反映了她们自我否定的指数。

追求美是女人的心理救药，可问心，越追求越快乐的女人到底有几人？

追随潮流美是约定俗成的美，能给你一定程度的安全感和认受性，但这种美跟风世俗，有价无味，蛮没个性，只是病态消费的别名。人家说你很美，其实是反过来夸赞自己懂得认出你身上脸上的牌子名而已，不是对你的恭维，别傻了。可你就是无法自拔地沉迷下去，因为你心知肚明，卸妆后除了难禁的自卑、恐惧和焦虑外，你一无所有。

披上化妆品和名牌的你只是美丽的假面，假受宠和假自爱，回家原形毕露后的你，却讨厌自己，生怕这个样子的自己会被所爱遗弃。

世上还有更真实的美，那是形而上的美。

形而上的美是一种财富，是另类的养生资源，是心性修养的结果。

某些女人外表不显眼，没有名牌服装，也不靠化妆品遮掩，不是这些东西不美丽，而是它们再多也不能撑出超越时代和文化，令人无条件赞叹的真美：温柔的自信。

有自信的女人不一定美，但没自信的女人一定不美，有的只是人有我有的俗艳。拥有自信而渗透着内涵和修养的女人，她们的美温柔而低调，耐人回味，拥有牵动人靠近和思念的吸引力。这种美不动声色，却教人无法忘记。

拥有这种脱俗气质美，需要什么条件呢？你不需要特别高的学历，也不需要懂得修行的方法，更不一定拥有某些才华。很多才华女子，她们的人品和成就没有必然的道德一致性。能拥有脱俗气质美的女子，应该具有以下的特质：气定神闲、心满意足、自得其乐、与世无争。

是不是很难做到？也许是吧，因为这不止涉及先天的条件，还有个人的修为。是需要后天培植的人性精华，也是懂得享受孤独的特质。

真正美丽的女子，真的不多。

爱上自己的温柔

到底我们的社会男人多还是女人多呢？

根据统计数据，应该是女人比男人多，不过假如不是以性器官划分的话，其实男人远比女人多。

怎么理解？因为以思想方式和价值观衡量的话，现代女性已变得越来越像男性：对事业、爱情、家庭关系和自己，采取进攻式策略，追求知识、认同和权力，却越来越失去细腻、耐性、温柔的本能。

我们已很少看到真正温柔的女人。

请别搞错，我指的温柔不是娇嗲。**温柔是力量，让人感到心定，可依赖；娇嗲只是取悦和索求利益的廉价伎俩，矫揉无力。**

女人可以把表面开放的想法宣之于口，譬如讨论性，大谈性器官，听上去独立自负，不过在追求自负的过程中，容易不自觉地否定或嫌弃自己原有的女性本质，譬如包容和温柔。

别以为我在倡议重建被动女人的道德，我想提出的是，女人原有非常正面和强大的能量：细腻、包容、温柔、关爱、体贴、重视感受，那是女人最美的本质，无须为了反抗经年的性别压抑而否定或忘记自己的本质。这是女人的好。

留意一下自己，是否老是希望从男人身上找到幸福、安全感、信心和认同呢？是不是在收入不俗、自资供楼、经常计划消费和享乐的同时，感受不到爱，越来越不知道自己真正的需要呢？

你被自己的爱深深打动过吗？你感受过自己的身体的柔软吗？你感受到男人在你身上和身旁的灵欲享受吗？又或者，你已失去女性的特质，让身边的人无法感到你的好？

你知道女人最有力量的地方到底在哪里吗？

在温柔的力量，在心。

女人穷一生耗损能量去爱和付出，最后爱到心乱不安的话，正因为忘记了返回自己最柔软而坚强的地方：心。

女人的心是孕育爱和包容的地方，也是最柔软、刚强和安全的地方。女人容易感动和爱，因为女人的心容易打开。乱打开的心容易误信别人，感情用事，可自爱的心却能转化成爱的力量，孕育生命。

男人很难用心感受，因为男人容易被性器官的蠢动转移能量焦点，很难纯粹感受爱。女人有很强的感受能力，所以懂得付出、包容和宽恕，**这是阴性能量的特质**，女人应该好好保护自己的特性。

发觉自己已失去力量时，不妨先从心开始感受造物者播在你心中的爱的种子，爱上自己的温柔，你将感到幸福和安心，感染别人。

女人，看你有多大的价值。

能自处 才能相处

一年没见的女朋友 H，新年时越洋在线告诉我：“素黑，终于明白你所谓‘要放开’的意思了，近日我深深感受到放开后的轻松。”她十多年来被感情重重困扰着，爱着一个只懂吸蚀她能量和爱的男人，可就是无法放下，活得很痛苦，像很多爱到迷失的女人一样。

我打趣地问：“现在感觉像减了十公斤那样轻是吗？”她俏皮地回我：“何止，现在我所有的魅力都散发出来啦，真的谢谢你！好想拥抱你一下……”

从经年的悲怆和绝望困局中跳脱出来，飘然一身轻，身心发亮，散发最美丽的神采。女人能走到这一步，委实很不容易，非常替她高兴。

生命中，关系里，感情上，我们都有不少难关要渡过。

是不是女人要过的难关比男人要多？不，别以为做女人比男人更艰难，这是女人借故自怜的谬想。

难关是存在中的必经之路，不分性别。女人感到压力大，没有安全感，总是感情失向，爱得很苦，是因为对感情过分执著，制造过多焦虑，总以为需要一个外在的靠山，一个可以依赖的男人。寻寻觅觅，埋怨际遇，爱到迷失绝望，失去自己，结果耗损了青春，破坏了情绪和身体。可是，她们却忘记了问更重要的、首要的问题：应该如何好好爱自己？

要得到爱情，第一步从来不是等待爱人的出现，而是先从自爱开始，强化自己的能爱动力。

放不下，是因为害怕一无所有的孤寂和空虚，所以宁愿执著哪怕是最苦的、最痛的关系。自我虐待，牺牲自己，其实不是成全你所爱的人，或者所谓爱情和关系，而是你自我放弃的软弱。

我们应该相信，爱情最初的动机都是正面的，不是立心为伤害对方或自己而去爱。可到最终爱坏了，是因为我们错用心神，劳损了彼此的精力所致。

知道女人最美是什么时候吗？不是恋爱中，不是生育时，而是拥有深深去爱自己的自信。

当一个女人能决心放下痛苦，拾回失落的自己时，她才能被爱。

相爱难，自爱更难，因为我们不能再借另一个人逃避面对自己。

爱，从来都需要勇气。

能放下的女人最美，美到大概令男人承受不起。所以，**女人在情伤后的果断和勇敢，不是男人可以媲美的坚强。**

只能说，每个性别都需要做好自己，两性才好相处，才能相亲相爱。

能自处，才能相处，相爱。

后记

素黑式的爱

沈浩波
北京磨铁图书有限公司 总裁

“我没有写爱情，我只是和你分享如何活好你的性别，做好一个人。”

这是素黑在《学会爱，超越爱》一书中的开场白。结实而坚硬，如同素黑这么多年来坚定不移的内心。人们对于素黑，这位神秘、美丽的香港作家，有着各种看似专业的定位，并且由于素黑有着令人惊异的，洞悉人们内心的能力，加之她低调、沉默的性格，“神秘”，几乎成了素黑的代名词。但，究其实，素黑所做的一切，其实只是为了让我们“ 更像一个人”。

“活好你的性别，做好一个人”，简单而清晰的描述，直抵本质。

素黑在她的这本新书中，怀抱巨大的耐心，如同抽丝剥茧般展开的，其实无非是，让读者知道男人和女人到底是怎么一回事，如何面对并认可自己的性别，找到自己确切的性别定位，重新上路，去学着认识自我，做自己，做真实的，忠实于身体和内心的自己，做好一个人。

让男人和女人知道自己的性别到底意味着什么，到底是怎么一回事。这就已经够难了。我们在这个世界上，随波逐流得太久，轻浮跋扈得太久。很少有人会在某个内心柔软脆弱的瞬间，突然问一句自己：我是谁？我是怎么回事？性别这个标签贴在我身上，到底意味着什么。

素黑几乎是用最淡然的方式，安静的，告诉了读者背后的真理。

她说，“男人要成皇，女人要为母，这是两种不同的霸气，但条件基础却大相径庭：男人只进化生物性本能，虽然现代人性交不再只为繁殖下一代，可本能还是需要扩散精子，所以很难协调文明和法律。而女人不断进化的却是情感，令她既能母仪天下，又害怕失去。”

就这么简单的一句，却轻易的破除了世间一切关于男女的定义。素黑以一种近似粗暴的简约方式给两种性别定了性，但却非常有效。男人的实际掌控欲、权力欲，利益至上，源自于其根深蒂固的，并且是唯一进化的生物性本能；而女性天然就是情感动物，容易陷入情绪化的泥潭，陷入无边无际的情感的怅惘与纠葛，她们怀抱着付出一切情感的勇气来到世间，遇到的却是更自私偏狭的男性。这似乎是天然存在的针尖与麦芒，天生的一对冤家。

对于当代都市人而言，这几乎是致命的。越来越繁重的、不分男女的社会劳动和生存压力，几乎将女性的情感需要置于了最不重要的位置，并且滋长着男性更为自大、自私的性贪婪。这样的时代，是女性的情感灾难季。柔软的内心必须变得坚硬才能令自己生存和不受伤害，付出的勇气在一次又一次所托非人后变得脆弱和怯懦。

于是，她们开始求助。素黑，因其专业及写作时体现出的洞察力和爱意，也似乎就成了理所当然的求救对象。

但素黑是不一样的。她有足够的方法，却不是一个肤浅的方法论者，只是塞给读者一堆花里胡哨的“情感假动作”，一点也不能触及人的本心。她足够神秘，但却绝不是一个故弄玄虚的“神秘主义者”，她不需要任何神秘的说辞来让读者臣服。

素黑首先是一个洞察者，她洞察到了性别的真相，这是根本。然后才是一个情感的建筑师。她试图建筑的，是一个基于认可这样的性别差异所带来的情感模式的差异和欠缺，而又找到了明确的，并且同样天然存在的情感建筑方向，从而可以成为人们情感发展的根本模式的内心殿堂。所以素黑，她几乎就是一个情感的科学工作者，像一个科学家一样给出了对一切问题的基于原理的冰冷答案后，她自己的女性情感本能，她强大的爱的能力，她的责任感，开始上升，这才是关键——素黑为她的读者找到了明确的方法，甚至，她是在和读者一起，在搭建属于每个人的“爱的世界观”。

《学会爱，超越爱》，就是这样一部光彩夺目的“爱的建筑”。

在阅读的过程中，即使作为一个内心坚固的男性读者，也能感受到素黑文字的风暴，她几乎是将各种真相劈头盖脸的丢掷过来，迅速在你的阅读中形成一个个巨大的漩涡和风浪，你仿佛坐在残破的小舢板上，接受着来自素黑的风暴洗礼。你将避无可避，逼你思考。

不过，素黑即使在这么干净利落的呈现真相时，也是怀抱着爱的，你读着这书，就能感觉到素黑的爱。她不仅是那个完全理智的洞察者，她更变成了“素黑婆婆”，恨不得是手把手的，教她的读者如何处理两性关系，与爱人相处，学会坦诚的面对，学会接受、付出、得到、成长、完善自己的人生，恨不得告诉你最具体可行的方法。没有任何居高临下的睥睨，没有任何干燥无文的敷衍，而是汁液淋漓，抽丝剥茧。

在这样的过程中。读者在明白，在恍然大悟，在学到方法，在成长，甚至，是在建立属于她或他自己的“爱的世界观”。一座又一座，心灵的殿堂得以搭建。

而这种爱的传递与发展，这种心灵殿堂的搭建，其基石，在于素黑在《学会爱，超越爱》一书中最根本的方法论，那是一种融汇入世界观的方法论。素黑在面对男性和女性天然的进化模式差异，天然的对爱的态度的差异时，找到了男性和女性共同具体的，成长的出口——母性的慈悲。

母亲，母性的爱，才是男性和女性成长的唯一交汇点，是一种更深沉的，更宽广的爱，是爱的更高的阶段。“男人学习母亲的爱，女人回归母亲的能量，阴阳才真正圆融，天地人始归一。”这才是学会爱，超越爱的真谛。

素黑自己，正是这么做的。在《学会爱，超越爱》这本书中，你能体会到来自素黑自身的那种母性之爱的关怀和照拂。这可能也正是，无数读者试图说清楚的，“素黑式的爱”的根本含义。

图书在版编目（CIP）数据

学会爱，超越爱 / 素黑著. —天津 ：天津教育出版社，2011.5

ISBN 978-7-5309-6394-4

Ⅰ. ①学… Ⅱ. ①素… Ⅲ. ①爱情—通俗读物 Ⅳ. ①C913.1-49

中国版本图书馆CIP数据核字(2011)第029061号

学会爱，超越爱

出 版 人　胡振泰

作　　者　素　黑

责任编辑　常　浩

版式设计　熊琼工作室

出版发行　天津教育出版社

天津市和平区西康路35号　邮政编码：300051

http://www.tjeph.com.cn

经　　销　新华书店

印　　刷　北京博艺印刷包装有限公司

版　　次　2011年5月第1版

印　　次　2013年9月第9次印刷

规　　格　16开（787×1092毫米）

字　　数　150千字

印　　张　17

定　　价　28.00元